앞이 깜깜할 때 하나님을 만났습니다

KB189941

이 소중한 책을

특별히 _____님께

드립니다.

앞이 깜깜할 때
하나님을 만났습니다

안재홍 목사 지음

나침반

하나님께 더 가까이

하나님은 처음과 마지막이요 시작과 마침이십니다.

우리 삶의 모든 시작은 하나님으로부터 옵니다.

제가 제일 못하는 것 가운데 하나가 글을 쓰는 것입니다.

카톡이나 문자의 답장을 두세 줄 쓰는데도 한참 걸립니다. 그런 제가 책을 쓰는 것 자체가 저에게는 기적과도 같은 일입니다.

하나님을 더 알고 싶어서 세미나에 갔는데 처음 보는 강사 목사님이 수업 중에 수백 명의 사람들 가운데 저를 일으켜 세우셨습니다. 그리고 난 후 강사 목사님은 하나님께서 제가 책을 쓰기를 원하신다고 말씀하셨습니다. 하나님은 이후에도 몇 번씩이나 다른 사람들을 통하여 저에게 책을 쓰라고 말씀하셨습니다. 또한 저에게도 직접 책을 쓰라는 감동을 주셨습니다. 그래서 부족하지만 순종하는 마음으로 책을 쓰게 되었습니다.

하나님께서 책을 쓰라고 하셨다는 것은 이 책을 통하여 하실 일이 있으시다는 것으로 생각합니다.

저는 교회에 나가기 전에 먼저 신앙서적을 읽고 책을 통하여 역사하신 하나님을 경험하고 교회에 출석하게 되었습니다. 저처럼 하나님을 안 믿는 사람이 이 책을 통하여 하나님을 믿게 되기를 간절히 소망합니다. 아직 하나님을 안 믿는 분이 이 책을 읽으신다면 1부는 처음부터 읽으시면 되고 2부는 3장 믿음의 길을 먼저 읽으시길 권해드립니다.

"여호와의 인자하심과 인생에게 행하신 기적으로 말미암아 그를 찬송할지로다"(시편 107:8)

이 책에는 하나님께서 제 삶 가운데 행하신 많은 인자하심과 기적을 기록하였습니다.

이 책의 주인공은 하나님이십니다.

너무나 좋으신 우리 아버지, 하나님께서 하신 일을 알리기(자랑하기) 위한 책입니다. 우리가 하나님의 인자하심을 알면 알수록 하나님께 더 가까이 나아가게 됩니다.

제가 3일 동안 인도한 집회에 참석하신 한 집사님이 "목사님, 전에는 하나님이 시아버지셨는데 이제는 친정 아빠로 바뀌었어요"라고 말하셨습니다.

우리가 좋으신 하나님을 알면 알수록 하나님과의 친밀함

은 증가될 수밖에 없습니다.

저는 신앙생활에 있어서 하나님과의 친밀함이 가장 중요하다고 생각합니다. 이 책을 읽는 모든 분들이 하나님과의 친밀함이 더 증가됐으면 좋겠습니다.

이 책이 나오기까지 처음부터 끝까지 옆에서 수고해 준 아내에게 감사의 마음을 전합니다. 또한 책의 원고를 계속 다듬어주시고 수고해 주신 나침반출판사의 김용호 대표님과 출판사 직원들께 감사드립니다. 마지막으로 이 책이 나올 수 있도록 사랑으로 섬겨주신 김정화 권사님과 하영순 집사님을 비롯하여 책이 나올 수 있도록 기도해 주신 모든 분들께 감사드립니다.

이 책에서 하나님을 빼면 아무것도 없습니다.

책이 나올 수 있도록 저를 구원해 주시고 제 삶에 많은 일을 행하신 하나님께 감사드립니다. 저의 모든 것 되신 하나님께 모든 영광을 올려 드립니다. 크리스천들이 하나님께 더 가까이 가는 것을 갈망할 때 이 땅에 부흥이 임할 것입니다. 모든 사람들이 하나님께 더 가까이 나아가기를 기도합니다.

주님께 더 가까이 나아가고 싶은
안재홍

목차

1부

따스한 하나님

1장

앞이 깜깜할 때
하나님을 만났습니다

다른 종교의 책을 통해서도 부르시는 하나님

우리 모두는 5분 뒤에 어떠한 일이 일어날지 모르는 연약한 존재입니다. 하지만 고난이 홀연히 임하기 전에는 연약한 존재임을 전혀 느끼지 못하고 살아갑니다.

저 또한 그렇게 살았습니다.

저는 호주 RMIT대학교 카이로프랙틱학과를 졸업하고 병원에서 카이로프랙틱 닥터(Doctor of Chiropractic)로 근무하던 중에 결혼 7년 만에 아기를 갖게 되었습니다(카이로프랙틱 닥터는 약 5년간 4,200시간 이상의 수업을 받고 임상실습을 거쳐야 합니다. 호주, 미국에서는 카이로프랙터 또는 카이로프랙틱 닥터라고 부르며 척추병원에서 근무하거나 또는 개인 클리닉을 열어 환자를 진료합니다).

모든 것이 잘 되어가니 앞날에 대한 자신감이 있었기에 저에게는 하나님이 필요하지 않았습니다. 누가 저에게 전도지를 주면 "저는 이 땅에서 열심히 살 테니 아줌마나 믿고 천국 가세요"라며 돌려주었습니다. 저에게 가장 중요한 것은 이 땅에서 잘 사는 것이었습니다.

하지만 재앙의 날, 고난이 홀연히 제 삶에 임했습니다.
성경 전도서 9장 12절에 있는 말씀처럼 말입니다.
"분명히 사람은 자기의 시기도 알지 못하나니 물고기들이 재난의 그물에 걸리고 새들이 올무에 걸림 같이 인생들도 재앙의 날이 그들에게 홀연히 임하면 거기에 걸리느니라"

태어난 지 한 달밖에 안 된 아들에게서 뇌출혈이 발생한 것입니다. 그리고 얼마 후에 아버지의 뇌에서 5cm가 넘는 뇌종양이 발견되었습니다. 아버지는 두 번에 걸쳐 뇌 수술을 하셨지만 가족들을 알아보지 못하는 상태가 되셨습니다. 이후에도 계속해서 가족들이 병원에 입원하는 상황이 일어났고 그로 인해 제 삶의 많은 부분이 무너져 내리기 시작했습니다.

그런데 성경에 "고난 당한 것이 내게 유익이라…"(시 119:71)라는 말씀처럼 저에게 일어난 고난은 진정한 나를 볼 수 있는 눈을 열어 주었습니다. 비로소 나 자신이 얼마나 연약한 존재인지 깨닫게 된 것입니다. 이후 저의 모든 관심은 현실 세계에서 영적인 세계로 옮겨졌고 관련 서적들을 찾아 읽기 시작했습니다.

　그러던 어느 날 인도의 간디가 아침마다 묵상한 힌두교 3대 경전 중의 하나인 「바가바드기타」라는 책을 보면서 깊은 감명을 받게 되었습니다.
　책의 많은 내용이 인상 깊었지만 그중에서 '신을 믿으려면 가장 높은 신을 믿으라'라는 구절이 눈에 들어왔습니다. 사실 이 구절은 문맥에서 보면 3억 3천의 힌두교 신들 중에 최고의 신인 '크리슈나'를 믿으라는 뜻이었습니다.
　하지만 제 생각에 전환이 일어났습니다.
　'내가 종교에 대해서는 잘 모르지만 그래도 가장 높은 신은 우주 만물을 창조하신 하나님이니까 나는 하나님을 믿어봐야겠다'라고 말입니다.
　이 구절을 읽을 때 마치 밖에서 저에게 '하나님을 믿어야 한다'라는 강한 마음을 주신 것 같습니다.
　한순간에 제 마음이 하나님을 믿는 쪽으로 바뀌었습니다.

　하나님은 놀랍게도 다른 종교의 책을 통해서 저를 부르신 것입니다.
　저는 하나님을 믿기로 마음먹고 먼저 성경책을 사야겠다

고 생각했습니다.

　그런데 다음날 집에 있는데 밖에서 초인종 소리가 들렸습니다. 나가보니 어떤 분이 성경책을 사들고 저를 찾아오신 것입니다.

　그분은 권사님이셨는데 미국에 있는 누나에게 제 소식을 듣고 기도하던 중에 자꾸만 저에게 성경책을 사다 주라는 성령님의 감동을 받고 성경책을 사 오신 것이었습니다.

　저는 놀랍게도 '기도하는 것, 생각하는 것에 넘치도록 응답하시는 하나님'을 교회에 출석하는 교인이 되기 전에 실제로 경험하게 되었습니다.

　하나님의 타이밍은 정확했습니다.

　정확한 때를 따라 일하시는 주 하나님을 찬양합니다.

　저는 열심히 성경책을 읽기 시작했습니다.

　하지만 이해하기가 쉽지 않았습니다.

　예를 들면 마태복음 24장은 예수님의 다시 오심을 이야기하고 있습니다.

　"그리스도가 여기 있다 혹은 저기 있다 해도 믿지 말라"라고 하십니다. 그렇게 은밀하게 오는 것이 아니라 번개가 칠 때 많은 사람들이 보듯이 번개같이 임할 것이라고 말씀하십니다.

　그런데 바로 그다음 절에 문맥과 전혀 상관없는 말로 여겨지는 "주검이 있는 곳에는 독수리들이 모일 것이니라"(28절)라는 말씀이 나옵니다. 도대체 이 28절은 왜 말씀하셨는지 도저히 이해가 되지 않았습니다.

그리고 에베소서 2장을 읽을 때 "허물로 죽은 우리를 그리스도와 함께 살리셨다"라는 말씀까지는 이해가 되는데 바로 그 다음 절인 "그리스도 예수 안에서 함께 하늘에 앉히셨다"라는 말은 이해가 되지 않았습니다.

'내가 분명히 여기서 이렇게 살아가고 있는데 하늘에 앉히셨다는 말은 무슨 의미이지?'

'내 영이 하늘에 앉아있다는 말인가?'

'내 영은 내 몸 안에서 주와 합하여 한 영이 되었는데….'

'분명히 내 안에 있는데….'

정말 잘 이해가 되지 않았습니다.

여러 말씀들 중에서도 갈라디아서 2장 20절이 제일 이해가 되지 않았습니다.

"내가 그리스도와 함께 십자가에 못 박혔나니 그런즉 이제는 내가 사는 것이 아니요 오직 내 안에 그리스도께서 사시는 것이라 이제 내가 육체 가운데 사는 것은 나를 사랑하사 나를 위하여 자기 자신을 버리신 하나님의 아들을 믿는 믿음 안에서 사는 것이라."

이 말씀을 읽으면서 '기독교에서는 나는 십자가에서 죽고 이제는 내 안에 계신 예수님이 살아가는 것이라고 믿는구나…. 더 이상 내가 살아가는 것이 아니구나…'라고 이해했습니다.

그런데 절도 바뀌지 않고 바로 밑에 "이제 내가 육체 가운데 사는 것은…"이라는 말씀이 나왔는데 그 말씀을 읽으면서 이 책은 나 혼자서 읽고 이해할 수 있는 책이 아니라는 것을 깨닫고 완전히 손을 들었습니다.

이후 신앙 서적의 필요성을 느끼고 인터넷 서점에서 「목적이 이끄는 삶」, 「하나님의 음성을 듣는 삶」이라는 두 권의 책을 샀습니다. 이 책들은 단지 제목이 좋아서 고른 책이었습니다. 하지만 이 또한 하나님의 섭리였음을 알게 되었습니다.

「목적이 이끄는 삶」이라는 책은 40일 동안 읽게 되어 있는데 삼십 며칠째 읽다가 저 스스로 교회를 나가게 되었기 때문입니다.

하지만 지금 와서 생각해 보니 하나님은 계속해서 저를 부르셨습니다.

저는 어릴 때 서울 왕십리에서 살았습니다.

누나는 저보다 4살이 많습니다.

왕십리 옆에 금호동이라는 산동네가 있었습니다. 제가 초등학교에 들어가기도 전에 금호동까지 누나랑 한참을 걸어가서 예배를 드렸습니다. 아주 조그만 집 같은 데에서 차트를 넘겨가면서 찬양을 하던 기억이 납니다.

저는 동명초등학교를 졸업했는데 교실 창문에서 높은 곳

에 세워진 하얀 교회 건물이 보였습니다. 시험을 볼 때 그 교회를 보면서 하나님께 기도드렸던 것이 생각납니다. 하지만 초등학교 고학년이 되면서 자연스럽게 교회와 멀어지게 되었습니다.

하나님이 이스라엘 백성들을 향하여 내게로 돌아오라고 양팔을 벌리시며 기다리신 것 같이 저도 주님의 품으로 계속해서 부르셨습니다.

고등학교 1학년 때 친구들 몇 명하고 경기도 덕소에서 물놀이를 하고 와서, 친구 집(마장동) 근처 놀이터에 있을 때의 일입니다.

저희가 학생증을 꺼내 손에 들고 함께 보면서 이야기를 하고 있는데 한 어린아이가 갑자기 달려와서 제 학생증을 빼앗아 달아났습니다. 그리고 한 여학생에게 제 학생증을 건네주었습니다. 너무 순식간에 벌어진 일이었습니다.

제 학생증을 건너 받은 여학생은 "이 학생증을 찾고 싶으면 다음 주 일요일 P교회로 와라"라고 말하고는 재빠르게 도망갔습니다.

학생증을 찾기 위해 다음 주 일요일 교회에 가게 되었습니다. 저 혼자 가기 쑥스러워서 친구 두 명을 설득해서 함께 갔습니다. 교회에 가서 제 학생증을 가져간 여학생을 만났습니다. 알고 보니 그 여학생은 중학교 3학년이었는데 제가 마음에 들어서 자기 동생을 시켜 제 학생증을 가져간 것이 었습니다.

하나님은 희한한 방법을 통하여 저를 계속 부르고 계셨던 것입니다.

그렇게 나가게 된 교회를 두 달쯤 다니다가 또 안 나가게 되었습니다. 안 나가게 된 이유는 그 교회는 매주 헌금액을 그래프로 그려서 모든 사람이 볼 수 있게 했습니다.

저는 그게 너무 싫었습니다.

그 당시에는 교회가 너무 돈만 밝힌다는 생각이 들었습니다. 하지만 하나님은 포기하지 않으시고 계속해서 저를 부르셨습니다.

저는 군대를 특전사(공수부대)에 입대했습니다.

특전사 훈련 가운데 날아가는 비행기에서 낙하산을 매고 뛰어내리는 훈련이 있습니다. 부상 없이 잘 뛰어내리기 위해 여러 가지 훈련을 받았습니다.

마침내 뛰어내리기 위해 비행기를 탔습니다.

비행기가 뛰어내리는 낙하지점까지 갈 동안 많은 두려움이 제 마음 안에 일어났습니다.

저와 특전사 교육단에서 친했던 동기 한 명은 두려움을 가지고 비행기에서 뛰어내리다가 비행기 기체 문에 머리를 부딪히고 정신을 잃어서 식물인간이 되었습니다. 마침내 비행기 기체 문이 열리고 강이 지렁이처럼 작게 보였습니다. 이때 극심한 두려움이 저를 하나님께 기도하는 자리로 인도했습니다.

'하나님, 제가 이번에 무사히 땅에 잘 착지하면 하나님을 잘 믿겠습니다. 교회를 나가겠습니다.'

제 기도대로 하나님은 저를 지켜주셨습니다.

그래서 다시 교회에 나가기 시작했습니다.

하지만 예배드리는 시간이 너무 지루했습니다. 하나님께 잘 믿겠다고 기도를 드렸기 때문에 의지적으로 은혜가 전혀 없어도 계속 교회에 나갔습니다. 하지만 인간의 의지는 한계가 있습니다.

저는 또한 의지가 약한 편입니다.

교회를 6개월 정도 나가다가 더는 나가지 못했습니다.

교회를 계속 다닐 수 있는 것도 하나님의 큰 은혜가 있어야 가능합니다. 교회를 계속 나가고 계신 분들은 나갈 수 있도록 은혜를 주신 것에 감사해야 합니다.

또한 주변에서 누가 전도를 하셨거나 복음을 들으신 분들은 저처럼 하나님이 부르고 계시는 것입니다. 하나님은 눈에 보이지 않으시지만 분명히 살아계시며 사람들을 통하여 우리를 부르고 계십니다.

이번에는 하나님을 꼭 믿어야겠다는 간절함을 함께 주셨

습니다.

하나님을 믿기로 결심하고 난 후에 저는 천국과 지옥이 실제로 존재하는지에 대한 여부를 더 자세히 알고 싶어졌습니다. 그래서 교보문고에 가서 '천국'에 관한 책을 골라서 계산하려고 줄을 서서 기다리는데 제 앞에 서계신 아주머니가 저에게 그 책은 별로 은혜가 안 된다고 하면서 들고 있는 얇은 책을 한 권 추천하셨습니다.

그런데 제 입에서 별안간 "그 책 제가 살테니 저 주세요"라는 말이 튀어나왔습니다. 아주머니가 당황하셔서 "저쪽에 가면 이 책이 있어요"라고 설명해 주셨음에도 저는 다시 한번 더 그 책을 달라고 했습니다. 이 일은 지금 생각해도 그 아주머니에게 정말 죄송한 마음입니다. 평소의 저는 예의를 잘 지키고 무례한 성격이 아닌데 이때의 저는 마치 무언가에 이끌린 것처럼 당돌하게 행동했습니다.

집으로 돌아온 후 저는 그 책을 단숨에 읽었습니다.

그리고 마지막 페이지를 넘겼을 때 전화번호 하나가 눈에 들어왔습니다.

그 번호로 전화를 하니 책을 쓴 저자의 사모님이 전화를 받으셨습니다. 사모님과 여러 대화를 나누는 중에 「하나님의 음성을 듣는 삶」이라는 책을 보면서 정말 하나님의 음성을 듣고 싶어졌습니다"라고 말씀드렸더니 사모님은 남편 목사님이 인도하시는 집회에 참석하면 도움이 될 거라고 말씀하셨습니다.

며칠 후 목사님이 주문진에서 집회를 인도하실 거라는 소식을 듣고 경기도에 사시는 목사님 자택으로 가서 목사님과 사모님을 모시고 함께 주문진으로 갔습니다.

집회가 시작되어 하나님을 찬양하는데 눈물이 하염없이 흘러내렸습니다.
왜 우는지 이유도 모른 채 계속 울었습니다.
한참을 울고 있는데 누군가 제 어깨를 쳤습니다.
눈을 떠보니 강사 목사님이셨습니다.
목사님께서 숙소에 두고 온 것이 있으니 같이 다녀오자고 하셔서 차를 몰고 함께 숙소에 다녀왔습니다.
그런 후에 다시 찬양을 하는데 아까처럼 은혜가 임하지 않았습니다. 똑같은 마음으로 하나님 앞에 나와 찬양을 했지만 은혜가 끊어진 후였는지 처음과 같은 감동이 없었습니다.
이때 저는 하나님의 은혜를 받을 때는 집중해서 받아야 한다는 것을 배웠습니다.

설교가 끝난 후 기도 시간에 목사님은 "하나님께 더 갈급한 사람들은 강대상 앞으로 나와서 기도하세요"라고 말씀하셨습니다. 저는 강대상 앞으로 나가서 하나님께 간절히 기도했습니다. 진정으로 하나님의 음성을 듣고 싶었기에 '하나님, 하나님께서 정말 살아 계신다면 오늘 저를 만나주세요'라고 하면서 계속해서 기도했습니다.

그런데 갑자기 제 오른쪽 어깨에 누군가의 손이 얹히는 느낌이 들면서 그쪽으로 환한 빛이 임하는 것 같았습니다. 궁금해서 눈을 뜨려고 하는데 눈을 뜨면 안 될 것 같은 경외감이 들었습니다.

그때 갑자기 울음이 터져 태어나서 가장 많은 눈물, 콧물을 흘리면서 울었습니다. 그리고 지금의 이 모든 힘든 환경이 하나님께서 저를 구원하시기 위한 초대의 문이라는 것을 깨달았습니다. "고난 당한 것이 내게 유익이라"(시 119:71)라는 말씀이 저에게 실제가 되어 고난이 생명으로 나아가는 문이 된 것입니다.

가족의 건강이 무너지고 제 인생이 무너졌을 때 너무 힘들고 지친 마음에 어릴 때부터 친한 친구가 근무하고 있는 강원도에 내려간 적이 있었습니다.

그때 친구와 함께 밤새 술을 마시고 다음 날 주문진 바다를 보면서 계속해서 죽고 싶다는 생각이 들었습니다.

그 당시 저의 상황은 최악이었습니다. 아내가 임신 4개월째 갑자기 몸이 너무 안 좋아졌습니다. 아내를 살리기 위해서는 태아에게 해가 될 수밖에 없는 독한 약을 사용해야 했습니다. 이때 담당 의사와 주변의 모든 의사들은 아이를 포기하라고 권했습니다. 다행히 아내는 생명의 위험한 고비를 넘겼지만, 태아가 5개월로 들어서기 전에 결단을 내려야 되는 상황이 왔습니다. 아이가 태어나도 평생 장애나 후유증이 있을 확률이 너무나 크기 때문에 아이를 포기해야 한다는 것이었습니다.

태어나서 그렇게 힘든 결정을 경험한 것이 처음이었습니다. 하루 온종일 고민하고 또 고민했습니다. 제 느낌에는 1분에 수천 번도 더 생각이 바뀌는 것 같았습니다.

'아이를 낳는다, 아니 아이를 포기한다.'

수도 없이 고민하고 또 고민해서 결국은 생명을 선택하기로 결정했습니다. 주변에서는 반대했습니다.

담당 의사는 제게 "감정으로 결정하시면 안 됩니다. 이성으로 결정하세요"라고 진심으로 충고해 주셨습니다. 저는 아이가 이렇게 어렵게 태어난 만큼 건강하기를 간절히 바랐습니다.

다행히 아이는 건강하게 태어났습니다.

하지만 태어난 지 5일쯤 됐을 때 갑자기 호흡을 제대로 하지 못해서 신생아 중환자실에 입원하게 되었습니다. 중환자실은 정해진 시간에만 면회가 가능합니다. 인큐베이터 안에 있는 아들의 모습을 보니 마음이 너무 아팠습니다. 혈관을 잘 찾지 못해서 발등 여기저기에 피멍이 들어 있었고 겨우 잡은 혈관을 통해서 그 어린 것이 수액을 맞고 있었습니다.

아이는 계속 병원에서 여러 가지 검사를 받았습니다.

태어난 지 한 달 됐을 때 뇌 CT 촬영을 했는데 설상가상으로 뇌출혈까지 발생했습니다. 아이가 자라면서 앞으로 어떤 장애가 올지 모르기에 마음은 더욱더 낙망되고 불안했습니다. 이때는 마치 모든 불행이 저에게 폭풍처럼 밀려오는 것 같았습니다.

또한 뇌종양 수술을 받으신 아버지는 치매가 급속히 진행되었습니다.

하루는 집을 나가서 길을 잃어버리셨습니다.

이틀이 지나서야 겨우 아버지를 찾았습니다. 비가 계속 내리는 가운데 빗물펌프장 앞에 계속 비를 맞고 서 계신 아버지를 이상하게 보신 어떤 분이 신고를 하셔서 겨우 찾았습니다. 하지만 아버지는 결국 요양원으로 가셨습니다.

가까웠던 사람들로부터 배신을 경험했습니다.

처음 산 아파트도 날아갔습니다. 모든 상황이 너무 힘들었고 짐이 무겁게 느껴졌습니다. 이러한 상황 가운데 술을 마시고 마음이 약해진 상태에서 주문진 바다를 보고 있자니 뛰어들어 죽고 싶다는 생각이 계속 들었습니다.

하지만 예수님을 믿고 은혜를 경험한 후에 바라본 주문진 바다는 상황이 변한 것이 없음에도 너무나 편안하고 아름답게 느껴졌습니다. 하나님으로 말미암아 제 마음속에 새로운 소망이 생기기 시작한 것입니다.

집회에 참석하는 동안 그토록 듣고 싶었던 하나님의 음성을 듣지는 못했지만 이후 하나님께서는 제 마음을 평안으로 다스리기 시작하셨습니다.

집회를 마치고 다시 일상으로 돌아와 생활하던 중 저는 '우리 동네에도 부흥회가 있었으면 참 좋겠다'라는 생각을 하게 되었습니다.

그런데 신기하게도 부흥회를 알리는 현수막을 동네에서 보게 되었습니다. 저는 현수막에 적혀 있는 전화번호로 전화를 해서 "제가 그 교회에 나가지 않는데 부흥회에 참석해도 됩니까?"라고 문의했습니다. 그러자 교회 담당자는 친절한 목소리로 "네, 참석해도 됩니다"라고 답변해 주었습니다.

그 교회는 53년 된 감리교회로 성도가 천 명 정도 되는 교회였습니다. 저는 부흥회 첫날부터 마지막 날까지 모두 참석했습니다.

마지막 날 강사 목사님께서 강단에서 갑자기 "하나님께서 '이번 부흥회는 안재홍 형제를 위한 것이다'라고 말씀하십니다"라고 선포하셨습니다.

교회 뒷자리에 앉아있던 저는 소스라치게 놀라서 어안이 벙벙했습니다.

며칠 후에 부 목사님과 식사를 하면서 부흥회에 대한 이 야기를 듣게 되었습니다.

교회에서는 부흥회를 항상 1월에 열었는데 그 해만 강사 목사님의 스케줄로 인해 6월에 하게 됐다는 것입니다.

나중에 생각해 보니 하나님께서는 이미 제가 그즈음에 회심하고 주님께 나올 것을 알고 계셨기에 저를 위해서 6월에 부흥회를 할 수 있도록 다스려 주신 것 같았습니다.

저는 한 영혼을 위한 주님의 세심한 배려는 정말 놀랍다고 생각했습니다.

다음날부터 교회는 '40일 새벽 기도'를 시작했고 저 또한 새벽 기도에 출석했습니다.

어른이 되어서 교회가 처음인 저로서는 교회에서 하는 것은 모두 참석해야 하는 줄 알고 40일 동안 한 번도 빠지지 않고 새벽예배에 나갔습니다. 주변에서는 초신자가 대단하다고 얘기했는데 지금 돌이켜보면 모두 하나님의 은혜였습니다.

새벽 기도에 참석한 지 3~4일 정도 됐을 때 목사님이 시편 23편을 설교하셨습니다.

설교가 끝나고 기도를 하는데 제 마음 깊은 곳에서 너무도 분명하게 "내가 너와 함께 거하느니라"라고 말씀하시는 하나님의 음성이 들렸습니다.

그토록 듣고 싶었던 하나님의 음성을 들은 것입니다.

그 후 수년이 지났지만 지금 이 순간에도 그때 음성을 들으면서 임하셨던 주님의 사랑이 다시 저를 만지고 계십니다. 긍휼이 풍성하신 주 하나님께서 고난 가운데 있는 저를 만나주신 것처럼 이 글을 읽고 계신 분들도 만나주시길 간절히 기도합니다.

지금 고난 가운데 계신 분들에게 하나님의 말씀을 나누고 싶습니다.

"여호와(하나님)의 말씀이니라
너희를 향한 나의 생각을 내가 아나니
평안이요 재앙이 아니니라
너희에게 미래와 희망을 주는 것이니라
너희가 내게 부르짖으며
내게 와서 기도하면
내가 너희들의 기도를 들을 것이요
너희가 온 마음으로 나를 구하면
나를 찾을 것이요 나를 만나리라"(예레미야 29:11−13)

우리의 미래를 향한 아버지의 마음은 평안입니다.

하나님으로부터 오는 새로운 미래와 하나님으로 말미암은 새 희망을 주실 것입니다.

하나님 안에 모든 것이 다 있습니다.

약속을 반드시 지키시는 하나님께서 위의 약속의 말씀을 붙잡고 간절한 마음으로 하나님께 나아오시는 분들을 만나 주실 것입니다.

숙제를 하다가 하늘 문이 열리고

교회에 나가면서 하나님은 저에게 말의 중요성을 먼저 가르쳐 주셨습니다.

그리고 "너희 말이 내 귀에 들린 대로 내가 너희에게 행하리니"라고 말씀하신 그 말씀 안에서 저는 하나님이 저와 함께하심을 알게 되었습니다.

"그들에게 이르기를

여호와의 말씀에 내 삶을 두고 맹세하노라

너희 말이 내 귀에 들린 대로 내가 너희에게 행하리니"(민수기 14:28)

생명을 주는 언어를 배우는 과정을 통해 위의 말씀을 약속의 말씀으로 붙들고 인정하는 말, 칭찬하는 말 등등을 배웠습니다. 그리고 수업 중에 'will(~할 것이다)'의 언어를 배웠습니다.

"나의 하나님이 그리스도 예수 안에서 영광 가운데

그 풍성한 대로 너희 모든 쓸 것을 채우시리라"(빌립보서 4:19)

 (And my God will meet all your needs according

to the riches of his glory in Christ Jesus.)

"네가 들어와도 복을 받고 나가도 복을 받을 것이니라"(신명기 28:6)

(You will be blessed when you come in and blessed when you

go out.)

"모든 은혜의 하나님 곧 그리스도 안에서 너희를 부르사

자기의 영원한 영광에 들어가게 하신 이가 잠깐 고난을 당한

너희를 친히 온전하게 하시며 굳건하게 하시며 강하게 하시며

터를 견고하게 하시리라"(베드로전서 5:10)

(And the God of all grace, who called you to his eternal glory

in Christ, after you have suffered a little while, will himself

restore you and make you strong, firm and steadfast.)

수업 후에 목사님이 숙제를 내주셨습니다.

하나님이 아브라함에게 "…너는 복의 근원이 될 것이다"(창세기 12:2/새번역)라고 말씀하신 것처럼 "나는 OO 사람이 될 것이다"라고 자신이 되고 싶은 사람을 하나님 앞에서 일주일 동안 고백하는 숙제였습니다.

저는 '지혜로운 사람'이 되고 싶었습니다.

평소에 후배들에게도 "너희는 지식을 추구하지 말고 지혜

를 추구하라"라고 말했습니다. 인생을 살면서 큰 문제를 만났을 때 필요한 것은 지식이 아니라 지혜라고 생각했기 때문입니다. 그래서 저는 예전부터 지혜를 얻기 위해 명상도하고 고전도 읽었습니다. 언젠가는 공자의 책을 읽다가 '나에게 5년의 시간이 더 주어진다면 세상의 돌아가는 이치인 주역을 더 공부하고 싶다'는 글을 읽고는 주역도 공부했습니다. 그렇게 오랜 시간 추구해도 얻지 못했던 지혜였습니다.

그런데 하나님을 만나고 난 후, 어느 날 지혜를 선물로 받게 되었습니다.

그날도 평소와 다름없이 '나는 지혜로운 사람이 될 것이다'라고 고백하면서 교회를 향하여 걸어가고 있었습니다. 그때 마침 싱그러운 바람이 불어와 제 얼굴을 스치며 지나가는데 그 느낌이 너무 좋았습니다.

"하나님, 이 바람이 눈에 보이지는 않지만 실제로 존재하는 것처럼 하나님은 영이셔서 눈에 보이지는 않지만 실제로 살아계신 것을 믿습니다"라고 고백하면서 그전에 배웠던 인정하는 말, 칭찬하는 말도 복습했습니다.

"하나님이 최고입니다. 하나님처럼 좋으신 분은 이 세상에 없습니다"라고 고백한 후에 또다시 "나는 지혜로운 사람이 될 것이다"라는 말을 교회에 도착할 때까지 되뇌었습니다.

그날 오전 예배 시간에 목사님의 설교 중 "성령님이 우리에게 임하시면 지혜를 가져다주신다"라는 말씀이 제 마음속에 강하게 와닿았습니다. 점심을 먹으면서 '내가 지혜로운 사람이 되고 싶어 하는 것은 교회 안에 아무도 모르고 하나님과 나만 아는 일인데 신기하다'라고 생각했습니다. 그리고 다시 오후 예배를 참석했습니다.

오후에는 사모님이 예배를 인도하셨는데 다른 본문 말씀을 가지고 설교하시면서 "성령님이 임하시면 지혜가 임한다"라는 말씀을 또 하셨습니다.
이날 저는 강대상에서 선포되는 말씀은 지금, 이 시간에 나에게 주시는 하나님의 말씀이라는 것을 배웠습니다.

말씀 선포가 끝나고 다 함께 기도하는 시간을 가졌습니다. 그때 저는 초신자여서 기도를 잘할 줄 몰랐습니다.
그런데 기도 중에 제 몸이 한없이 위로 올라가는 느낌이 들었습니다.
'드디어 올 것이 왔구나.'
저는 스트레스가 너무 심한 데다 잘 먹지 못해서 빈혈이 왔다고 생각했습니다. 그리고 하늘로 올라가는 느낌은 어지러움 증상이라고 여겼습니다. 하지만 멈추지 않고 계속해서 기도했습니다.

그런데 이번에는 갑자기 머리가 뒤로 젖혀졌습니다.

그 상태가 오래 지속되자 목이 아파서 머리를 앞으로 당기려고 했지만 좀처럼 움직여지지 않았습니다. 다시 한번 더 힘을 주어서 머리를 앞으로 당기려고 시도했지만 꿈쩍도 안 했습니다. 동일하게 세 번째 시도를 하려는데 왠지 이번에는 하면 안 될 것 같은 마음(경외감)이 들었습니다. 그리고 그 순간 '하늘이 열렸다'라는 강한 확신이 들었습니다.

조금 후에는 하늘에서 "아~ 아~ 아"라는 남자 목소리가 들렸습니다. 저는 '무슨 하늘의 소리가 오케스트라 같은 웅장한 소리도 아니고 이러냐'라고 생각했습니다.

그리고 '지혜를 받았다'라는 마음이 들었습니다.

그날 밤 집에 도착했을 때 조이 도우슨의 「하나님을 경외하는 마음」이라는 책이 배달되어 있었습니다. 이 책은 「하나님의 음성을 듣는 삶」이란 책을 읽고 은혜를 받아 동일 저자의 책이기에 주문한 것이었습니다.

밤늦은 시간이라 머리말과 목차만 훑어보려고 책을 펼쳤습니다. 그런데 목차에 있는 작은 문장 하나가 눈에 들어왔고 이날 낮에 하나님이 저에게 '지혜'를 주셨다는 확증을 갖게 되었습니다.

"지혜는 하나님을 경외하는 마음을 갖게 될 때 따라온다."

이때는 잠언 9장 10절의 "여호와를 경외하는 것이 지혜의 근본이요"라는 말씀을 몰랐을 때입니다. 하나님의 타이밍은 놀랍게도 정확했습니다. 하늘이 열리고 지혜를 받은 바로 그날에 「하나님을 경외하는 마음」이라는 책이 도착한 것입니다.

하늘이 열렸을 때 들었던 "아~ 아~ 아"라는 소리는 하루, 이틀이 지나고 열흘이 지나도 또렷하고 분명하게 제 마음에 새겨졌습니다. 보통의 기억은 시간이 지날수록 희미해지는 것이 정상인데 희한하게도 그 소리는 시간이 지날수록 더욱 또렷해졌습니다.

1년여의 시간이 흐르고 어느 날 제 안에 '사랑의 하나님'에 대한 갈급함이 찾아왔습니다. 주변 분들에게 이런 마음을 얘기했더니 집사님 한 분과 목사님 한 분이 똑같이 OO 기도원에 가보라고 추천하셨습니다. 서둘러 짐을 챙겨서 찾아간 기도원에서는 들어서는 순간부터 하나님의 사랑이 부어졌습니다. 그곳에서 3일 동안 정말 많은 은혜를 받았습니다.

예배 가운데 어떤 전도사님이 기타를 치면서 찬양을 인도했는데 찬양이 끝나면서 마지막에 "하나님이 우리를 자유케 하셨습니다"라며 "아~ 아~ 아"라고 외쳤습니다. 전도사님은 계속해서 그 멘트를 하셨지만 둔한 저는 3일째가 되어서야 1년 전에 하늘이 열렸을 때 들었던 "아~ 아~ 아"라는 소리가 생각났습니다.

갑자기 온몸에 소름이 돋았습니다.

처음 하늘이 열렸을 때 '하늘의 소리가 뭐 이래'라며 들었던 소리가 이제는 가장 놀라운 소리로 변한 것입니다.

우리의 갈급함을 채워주시는 하나님을 찬양합니다.

너무나 좋으신 하나님…!

그분은 우리 안에서 영원토록 떠나지 않으시며 우리를 하나님의 형상으로 계속 회복시켜 주십니다.

이 체험을 통해서 저는 하나님의 은혜에도 '때'가 있다는 것을 배웠습니다.

거듭난 사람은 그 무엇보다 하나님의 은혜를 사모합니다. 하지만 어떤 때는 우리가 아무리 갈망해도 은혜가 임하지 않을 때가 있습니다. 때를 따라 일하시는 하나님, 그 하나님의 때가 가장 정확하다는 것을 우리의 생각보다 많은 것들이 늦게 이루어질 때 비로소 배우게 됩니다. 하나님은 우리 삶에 가장 정확한 때에 역사하십니다. 우리의 생각보다 늦어지는 바로 그때가 신실하신 하나님을 믿고 의지할 때입니다.

저는 예배로 큰 은혜를 받고 식사를 하려고 식당을 향해 걸어가고 있었습니다. 이때 예배에 참석한 분들을 섬기는 분들이 식당으로 가는 계단에서 중보기도를 하고 계셨습니다.

그날은 비가 왔는데 그분들은 우리를 안쪽으로 걸어가게 하기 위해서 좁은 계단 바깥쪽에서 기도하고 있어 한쪽 어깨가 비에 젖고 있었습니다.

그때 기도하시는 분들 중 한 분의 손이 갑자기 예수님의 손으로 보였습니다. 그러자 모든 염려와 마음의 무거움이 사라지면서 놀라운 평안이 제 마음을 가득 채웠습니다.

'예수님이 하시는 기도는 반드시 응답되고 예수님이 나를 위해서 지금도 중보하고 계시니까 이제는 아무것도 염려할 필요가 없다'라는 확신이 제 마음속에 임했습니다.

"그러므로 자기를 힘입어 하나님께 나아가는 자들을
온전히 구원하실 수 있으니 이는 그가 항상 살아 계셔서
그들을 위하여 간구하심이라"(히브리서 7:25)

이 말씀이 저에게는 계단에서 실제가 되었습니다.

이때부터 저의 가장 강력한 중보기도자는 예수님이 되셨습니다.

주무시지 않고 저를 향한 성부 하나님의 뜻이 온전히 이루어지도록 성자 예수님이 항상 기도하고 계신 것입니다.

연약한 우리는 기도를 중단할 때도 있지만 강하신 예수님은 이루어질 때까지 기도하시고, 문이 열릴 때까지 두드리

십니다. 우리가 예수님을 온전히 의지하여 하나님께 나아가면 예수님은 항상 우리를 구원하십니다. 하나님은 우리가 예수님의 기도를 의지하며 염려하지 않고 살아가기를 원하십니다.

신대원으로 인도하심

제가 예수님을 영접한지 10개월도 되지 않아서 하나님은 저를 신학대학원으로 인도하셨습니다.

신대원에서 히브리어를 배우면서 '루아흐'라는 단어를 처음 알게 되었습니다. 이 단어의 뜻은 "하나님의 영, 생기, 바람, 호흡, 생명…"등등이었습니다.

이 단어를 배울 때 몇 달 전, 얼굴에 부딪히는 바람의 느낌이 너무 좋아서 하나님께 고백했던 일들이 떠올랐습니다.

"하나님, 이 바람이 눈에 보이지는 않지만 실제로 존재하는 것처럼 하나님은 영이셔서 눈에 보이지는 않지만 실제로 살아계신 것을 믿습니다."

'루아흐'라는 단어의 뜻이 영, 바람이라는 것을 알고는 그때는 그 모든 일을 저 스스로 했다고 생각했는데 사실은 하나님이 하셨다는 것을 깨달았습니다.

"내가 나 된 것은 하나님의 은혜로 된 것이니…"(고린도전서 15:10)

모든 것을 주관하시고 통치하시는 하나님의 섭리가 실로

놀라웠습니다.

시편을 읽다가 "저의 앞날이 주의 손에 있나이다. 하나님이 제 인생을 맡으시고 이루시옵소서"라고 기도했을 때 "너를 책임 지리라"는 주님의 음성이 들렸습니다.

"나의 앞날이 주의 손에 있사오니…"(시편 31:15)

그렇습니다. 진정한 사랑은 끝까지 책임지는 것입니다.

우리 안에서 선한 일을 시작하신 하나님께서 예수 그리스도의 날까지 끝까지 일하시고 책임 지실 것입니다.

"너희 안에서 착한 일을 시작하신 이가

그리스도 예수의 날까지 이루실 줄을 우리는 확신하노라"(빌립보서 1:6)

믿음은 나 자신에게서 눈을 돌려 예수님을 바라보는 것입니다. 우리 자신에게는 소망이 없습니다.

오직 예수님만이 우리의 소망이십니다.

"너희는 그를 죽은 자 가운데서 살리시고 영광을 주신 하나님을

그리스도로 말미암아 믿는 자니 너희 믿음과 소망이

하나님께 있게 하셨느니라"(베드로전서 1:21)

하나님께서는 때로는 부득이 우리의 삶이 무너지는 것을 허락하실 때가 있습니다.

하지만 그것은 하나님께서 우리를 좋게 인도하기 위해서입니다. 그러기에 믿음의 선배들은 "인간의 끝은 하나님의 시작이다"라고 말합니다.

우리는 우리 안에 소망 없음을 철저히 깨달을 때 비로소 하나님만을 향하게 됩니다. 하나님의 말씀, 하나님의 약속만이 우리의 유일한 소망이 되었을 때 하나님께서는 역사하기 시작하십니다.

고난은 하나님의 영광으로 들어가는 문입니다.

보혈의 능력, 주의 심장, 그리스도의 새 옷을 받다

어느 날 저녁 기도를 하는 중에 "보혈의 능력을 받으리라"라는 성령의 감동을 받았습니다.

그리고 다음 날 아침, 운전을 하는데 적십자 버스가 계속해서 제 뒤를 따라왔습니다. 백미러로 빨간 십자가 모양이 계속해서 보였습니다. 한 번도 적십자 차가 제 차 뒤를 바로 따라온 적이 없었는데 40분가량을 다른 차들이 끼어들지도 않고 계속 뒤따라 왔습니다.

저는 마음속으로 '어제 보혈의 능력을 주신다고 하셨는데 신기하다'라고 생각했습니다. 그런데 적십자 헌혈차와 제 차 사이에 차 두 대가 동시에 끼어들었습니다.

그때 저는 하나님께 기도했습니다.

"하나님, 끼어든 차들이 동시에 빠져나가면 제게 보혈의 능력을 주신 것을 믿겠습니다."

그런데 기도가 끝나자마자 차 두 대가 동시에 빠져나갔습니다. 저는 하나님의 말씀을 온전히 믿지 못한 것을 회개하기 시작했고 어느새 차 안은 기도원이 되었습니다.

그 후 일 년쯤 후에 어떤 교회에 가서 기도를 받게 되었습니다. 저에게 기도해 주시던 분이 "뭐 하시는 분이세요?"라고 묻길래 신학대학원을 다닌다고 대답했습니다.

그런데 그분이 저에게 손을 얹고 기도하면서 "전도사님, 그런데 이상한 게 보여요. 전도사님이 가운을 입고 환자를 보고 있는데 환자에게 손을 얹으니 주님의 보혈이 뚝뚝 떨어지는 거예요"라고 말했습니다.

그때 저는 학교에 가지 않는 날에는 병원에서 환자를 치료했습니다. 하나님은 놀랍게도 전혀 알지도 못하는 사람을 통해 제가 보혈의 능력을 받은 것을 다시 한번 확증해 주셨습니다.

주님께 '보혈의 능력'을 확신한 후 제가 다른 사람을 위해 기도를 했을 때 그들이 변화되기 시작했습니다.

어느 날은 허리가 아파서 병원을 찾아온 환자에게 기도를 해드렸더니 그분이 "예수님을 만났습니다"라고 말씀하셨습니다. 그리고 이틀 뒤에 다시 와서는 그동안 떼어먹은 십일조를 하나님께 다 드리겠다고 말했습니다.

저는 기도할 때 그분에게 하나님의 사랑이 충만하게 임하는 것만 느꼈을 뿐인데 성령님은 죄를 깨닫게 하시고 회개하게 하시는 분이시므로 그 사람의 죄를 깨닫게 하신 것입니다.

'보혈의 능력'을 확신한 지 얼마 되지 않아서 예배 중에 하나님이 충만히 임하셨습니다. 그리고 하나님이 저에게 '예수님의 심장'을 이식시켜 주는 것 같았습니다.

잠시 후에 "하나님은 사랑이시라"라는 말씀이 임했습니다.

저는 다음 날 병원에 출근해서 교회에 다니는 운동 치료 실장님에게 "사람이 주님의 심장을 갖는다는 게 말이 됩니까?"라고 물었습니다. 그러자 그분이 성경 말씀을 찾아서 저에게 보여주었습니다. 하나님은 참으로 다양한 방식으로 말씀을 가르쳐 주시는 분이십니다.

"내가 예수 그리스도의 심장으로 너희 무리를 얼마나 사모하는지

하나님이 내 증인이시니라"(빌립보서 1:8)

"누가 주의 마음을 알아서 주를 가르치겠느냐

그러나 우리가 그리스도의 마음을 가졌느니라"(고린도전서 2:16)

'주님의 심장'을 가졌다는 것은 '주님의 마음'을 가졌다는 것이었습니다.

이때부터 저는 다른 사람을 위하여 기도할 때 "내가 그리스도와 함께 십자가에 못 박혔나니 그런즉 이제는 내가 사는 것이 아니요

오직 내 안에 그리스도께서 사시는 것이라…"(갈라디아서 2:20)라는 말씀을 실제로 경험하게 되었습니다.

이 일이 있고 며칠 후 예배 중에 질병으로 고생하시는 한 목사님을 위하여 다 함께 기도하는 시간을 가졌습니다.

저는 하나님의 사랑에 사로잡혀 간절히 기도하면서 처음 본 목사님을 위해서 "하나님, 제 생명을 나눠서라도 목사님이 완쾌되시기를 원합니다"라고 울면서 기도했습니다.

주님의 심장이 제 안에 들어오니 제가 변화되기 시작했습니다.

사람들에게 손을 얹고 기도할 때마다 하나님이 한 사람, 한 사람을 얼마나 사랑하시는지를 알게 되었습니다.

저는 주의 영으로 말미암아 변화되고 있었습니다.

'주님의 심장'을 가졌다는 확신을 갖고 일주일쯤 뒤에 예배를 드리는데 갑자기 몸에 진동이 임하며 아래와 같은 경험을 하게 됐는데 이는 제 삶에 큰 영향을 준 일이라 나누고자 합니다.

(주님은 각자에게 맞는 방식으로 뜻을 보여주시는 분인데 제가 잘 깨닫지 못하므로 이렇게 하신 것 같습니다.)

"주는 나를 기르시는 목자요 나는 주님의 귀한 어린양"이라는 찬송가를 온 마음을 다해 그리고 온 몸을 다해 찬양을 할 때 저는 주님의 임재 안에 누워있는 것 같았습니다.

그런데 갑자기 엄지발가락 끝에서부터 머리를 제외한 목

까지 온몸의 허물이 벗겨지는 것 같았습니다. 그리고 난 뒤, 그리스도의 새 옷이 위에서부터 내려와 저에게 입혀지는 것 같았습니다.

저는 주님께 여쭈었습니다.

"주님, 허물을 벗겨주실 거면 머리까지 다 벗겨주시지 왜 목까지만 벗겨주시고 머리는 안 벗겨주십니까?"

주님은 "이제부터는 너의 생각이 성경적인(예수님) 생각으로 바뀌어야 하기 때문이다"라고 깨달음을 주셨습니다.

하나님께서는 저에게 많은 영적인 체험을 허락하셨습니다. 하지만 반복적으로 "말씀을 봐라. 말씀 위에 바로 서야 한다"라고 말씀하셨습니다. 우리가 '자기 의'를 의지하지 않고 오직 '하나님의 의'만을 의지할 때 우리는 '그리스도의 옷'을 입는 것이고, 성령의 충만한 임재와 사랑 안에서 살아갈 때 우리는 '그리스도의 옷'을 입고 있는 것이라고 깨달았습니다.

예수님은 단 한 번도 죄를 짓지 않은, 죄가 전혀 없는 분이시지만 주님께서, 우리의 죄를 용서하시기 위해 우리 죄를 대신 지시고 십자가에서 돌아가셨기에, 우리 죄를 대신 지시고 돌아가시며 흘리신 예수님의 보혈로 인해 우리의 모든 죄는 용서받게 됨을 믿고 알아, 내 마음에 예수님을 구원주와 주님으로 영접하면 주님께서는 우리를 의로운 사람으로 여겨주십니다.

그래서 우리가 예수님의 '의로운 옷'을 입게 됐기에 우리는 하나님과 마음껏 친밀한 교제를 할 수 있고, 주님은 그러한 특권을 우리가 누리기를 원하십니다.

나는 비록 검으나 아름다우니

제가 근무하던 병원은 예약제로 운영되지 않았기 때문에 환자들이 보통 한 시간씩 치료를 기다리곤 했습니다. 그래서 제가 치료실 문을 열면 항상 환자들이 의자에 앉아서 기다리는 모습을 볼 수 있었습니다. 하지만 이날은 문을 열어보니 환자가 한 명도 없었습니다.

저는 '아, 대기 환자가 없구나. 좀 쉬어야겠다'라는 생각에 의자에 앉아서 한숨 돌리려는데 갑자기 시를 쓰고 싶은 마음이 들었습니다. 그래서 그동안 체험하고 깨닫게 된 것을 자연스럽게 써 내려갔습니다.

이 시를 쓰게 하신 분은 성령님이시라고 믿습니다.

〈회개〉

이 세상에 주님을 몰랐을 때
난 죄인의 괴수였네.
그것도 모르고 착하다는 말만 들었네.
하지만 이제는 주님의 밝은 빛이 들어오니
내 죄악이 다 드러났다네.

십자가에서 내 육신을 죽이시고
이제는 빛이라 하시네.
하늘의 사람이라 하시네.
할렐루야!

나는 가리라. 주님 가신 그 길을.
나 혼자는 도저히 못 가지만
주님과 함께라면
못 갈 길이 없다네.
못 할 일이 없다네.

사랑의 주님이 이제는 주님처럼
세상 사람들을 사랑하라 하시네.
하나님은 사랑이시라.
이제 나도 사랑이 되어 간다네.

이 시를 쓰면서 '나 혼자는 도저히 못 가지만'의 '못'자의 'ㅁ'을 쓰려고 할 때 손에 진동이 오면서 손이 떨려서 2~3분 동안 글을 쓸 수가 없었습니다. 그때 '주님과 함께라면'이라는 마음이 주어지면서 진동은 멈췄습니다. 이후 제목을 뭘로 정할지 고민하는데 '회개'라는 단어가 떠올랐습니다. 제목을 '회개'라고 쓰고 시를 완성하고 나니 이 시는 주님이 주셨다는 것을 확신하게 됐습니다.

얼마 전 저는 꿈을 통해서 '회개'가 무엇인지 생생히 체험했습니다.

꿈에서 운전을 하고 있는데 갑자기 차가 유턴을 하더니 반대 방향을 향해서 달려가는 것이었습니다. 그때 주님은 저에게 세상을 향해서 달려가던 방향을 바꾸어 하나님을 향해서 달려가는 것이 '회개'라는 것을 깨닫게 해주셨습니다.

저는 어려서부터 동네 어른들에게 '착하다'는 소리를 듣고 자랐습니다. 그래서 저는 하나님을 믿기 전에는 제가 정말 착한 줄 알았습니다. 하지만 고난을 통해서 제 안에 선한 것이 하나도 없다는 것을, 성경대로 만물 중에서 가장 부패한 것이 저의 마음이라는 것을 알게 되었습니다.

"만물보다 거짓되고 심히 부패한 것은 마음이라

누가 능히 이를 알리요마는"(예레미야 17:9)

저는 시를 쓰면서 성령님의 감동으로 글을 쓴다는 것이 무엇인지 어렴풋이 알게 되었습니다.

이후 약간의 시간이 흐른 뒤 다시 환자 차트가 제 방으로 들어왔습니다. 저는 환자 이름을 호명하고 다시 환자를 치료하기 시작했습니다. 조금 전에 시를 쓴 체험에 대한 마음이 완전히 가라앉지 않은 상태에서 처음 보는 환자와 대화를 나누었는데 알고 보니 그분은 권사님이었습니다.

그분에게 조금 전 저에게 일어난 일들에 관해 말씀드렸더니 그분이 자꾸만 시를 보여달라고 하셨습니다. 그래서 "이건 제 개인적인 경험을 쓴 거예요"라고 말씀드렸습니다. 하지만 계속해서 보여달라고 하셔서 결국 보여드렸습니다.

그런데 그분이 시를 보시더니 자신이 어떤 문제 때문에 계속 기도 중이었는데 오늘 그 기도의 응답을 받았다고 하면서 기뻐하셨습니다.

하나님은 정말 놀라우신 분입니다.

주님이 우리와 함께하시면 우리에게는 못 할 일이 없습니다. 그 어떠한 길도 갈 수 있습니다.

"예루살렘 딸들아 내가 비록 검으나 아름다우니 게달의 장막 같을지라도 솔로몬의 휘장과도 같구나"(아가 1:5)

위의 말씀은 "왕이 나를 침궁으로 이끄시니"(아가 1:4) 다음에 나오는 말씀입니다.

예수님의 신부인 우리는 왕의 침궁에서 예수님과 깊이 만날 때, 왕의 밝은 빛이 우리 안에 비춤으로 인해 세상에서 가장 썩은 나의 마음을 보게 됩니다. 그리고 내가 죄인인 것을 철저히 깨닫게 됩니다. 이것은 거듭나지 않은 우리 혼의 상태입니다. 우리 혼의 영역은 검고, 게달의 장막과도 같다고 생각합니다.

게달의 장막은 늙고 병든 염소의 가죽으로 만드는데 구멍이 나고 털이 숭숭 빠져있고 뻣뻣합니다. 이것은 가죽으로는 전혀 쓸모가 없기 때문에 주로 추울 때 헛간의 바람막이로 쓰입니다. 이런 게달의 장막을 보면 마치 단점투성이에(구멍이 나고), 신실하지 못한 마음(털이 숭숭 빠져있고)을 갖고, 자기 뜻대로만 하려는(뻣뻣한) 우리의 모습을 보는 것 같습니다.

하지만 이와 다르게 거듭난 우리의 '영'의 모습은 솔로몬의 침실에 있는 눈부시게 하얀 휘장과도 같습니다. 우리의 영은 하나님의 말씀과 성령으로(요한복음 3:5), 또한 예수님의 부활하심으로(베드로전서 1:3) 말미암아 거듭났습니다.

"예수께서 대답하시되 진실로 진실로 네게 이르노니
사람이 물과 성령으로 나지 아니하면
하나님의 나라에 들어갈 수 없느니라"(요한복음 3:5)
"우리 주 예수 그리스도의 아버지 하나님을 찬송하리로다
그의 많으신 긍휼대로 예수 그리스도를 죽은 자 가운데서

부활하게 하심으로 말미암아 우리를 거듭나게 하사

산 소망이 있게 하시며"(베드로전서 1:3)

　자식이 부모의 DNA를 물려받아 부모를 닮는 것처럼 거듭난 우리의 영은 예수님을 닮아서 진리를 사랑하고 하나님께 더 가까이 가고 싶어 합니다.

　주님 안에 있는 우리의 영은 흠이 없고 완전합니다.

　또한 우리의 구원은 예수님이 갈보리 십자가에서 죽으시고 부활하심으로 말미암아 단번에 이루어졌습니다.

　구원의 목적 중 하나는 우리를 하나님 앞에 '거룩하고 흠이 없는 자'로 세우는 것입니다.

　지금 우리는 이 땅에서 구원을 이루어가고 있습니다.

　그리고 우리의 구원은 예수님이 이 땅에 다시 오실 때 완성될 것입니다.

　또한 하나님과의 '친밀함'은 우리에게 빛이 됩니다.

　우리가 하나님께 더 가까이 나아갈수록 죄인 된 나의 모습을 하나님의 관점에서 보게 되는 것입니다.

　한 번은 제가 몇 달 동안 생각의 영역까지 너무 깨끗하게 산 것 같았습니다. 그리고 이러한 삶을 살고 있는 저의 모습이 스스로 보기에도 뿌듯했습니다. 그래서 예배 때 하나님께 질문했습니다.

"하나님, 하나님이 보시기에 지금 제 모습이 어떤가요?"

그러자 하나님은 너무 뚜렷하게 저의 몸이 썩어가고 있고 그 위를 구더기들이 기어 다니고 있는 모습을 보여주셨습니다. 저는 예배 중에 너무 놀라 하마터면 소리를 지를 뻔했습니다.

하나님은 나를 부인하지 않고 살고 있는 저의 모습을 보여주신 것입니다. 저는 그동안 제 자신을 괜찮게 여기는 '자기 의'로 충만했습니다. 하지만 예수님은 이런 끔찍한 모습을 하고 있는 저에게 오셔서 눈물을 닦아주며 안아주셨습니다.

하나님은 우리가 어떠한 모습을 하고 있든지 우리를 변함없이 사랑하십니다.

우리는 이중 정체성을 가지고 있습니다.

우리의 '영'은 완전한 의인입니다. 하지만 거듭나지 않은 우리의 '혼'은 죄인 중에 괴수입니다. 성경은 우리의 이중 정체성을 "내가 비록 검으나 아름다우니 게달의 장막 같을지라도 솔로몬의 휘장과도 같구나"(아가 1:5)라고 말씀하십니다.

그럼 이중 정체성을 우리 삶에 어떻게 적용해야 할까요?

제가 아내와 산책을 하는데 하나님께서 감동을 주셨습니다.

"영은 영적인 영역에 적용하고 혼은 혼적인 영역에 적용해라."

거듭난 우리의 영은 의와 진리로 새로 창조된 새로운 사람입니다. 우리의 영은 세포 하나하나가 의로움, 즉 불의가 없는 올바름으로 구성되어 있습니다. 영적인 영역은 하나님과 관계된 영역입니다. 기도, 예배로 나아갈 때는 거듭난 영으로 나아가야 합니다.

의인의 기도는 역사하는 힘이 큽니다.

하나님은 악인의 기도는 멀리하시고 의인의 기도는 들으신다고 하셨습니다. 우리는 최고의 의로움을 가지고 있습니다. 우리의 영은 지금보다 더 의로워질 수 없습니다. 영을 영적인 영역에 적용할 때 그리스도인 모두의 기도는 역사하는 힘이 큽니다. 예수님의 의로움을 우리가 동일하게 가지고 있기 때문에 예수님이 누리셨던 하나님과의 친밀함을 우리도 누릴 수 있습니다.

하지만 많은 사람들이 혼을 영적인 영역에 적용하려고 합니다. 내가 지금보다 더 경건해지면 하나님이 더 많은 기도를 응답하실 거라고 생각합니다.

아닙니다. 하나님은 우리를 부르셔서 하나님의 자원으로 하나님의 일을 이루시기를 원하십니다. 오직 십자가에서 이루신 하나님의 의만 의지하여 우리가 기도 응답을 받을 때 오직 하나님만 영광 받으실 수 있습니다.

또한 우리는 십자가의 복음에 더욱더 감사하게 됩니다.

거듭나지 않은 우리의 혼은 만물보다 거짓되고 심하게 부패되어 있습니다.

"만물보다 거짓되고 심히 부패한 것은 마음이라

누가 능히 이를 알리요마는"(예레미야 17:9)

다윗은 자기의 숨은 허물을 능히 깨달을 자가 없다고 말합니다.

"자기 허물을 능히 깨달을 자 누구리요

나를 숨은 허물에서 벗어나게 하소서"(시편 19:12)

이 혼의 영역을 다른 사람들과의 관계에 적용해야 합니다.

우리 모두는 완전한 사람이 한 사람도 없습니다.

하지만 죄의 본성 가운데 무서운 것은 나에게는 관대하고 다른 사람에게는 엄격하다는 것입니다. 오죽하면 내가 하면 로맨스, 남이 하면 불륜(스캔들)이라는 뜻의 '내로남불'이라는 말이 생겨났겠습니까.

하지만 내 마음이 가장 거짓되고 가장 부패됐다는 것을 깨달을수록 우리는 다른 사람에게 관대해질 수밖에 없습니다. 우리 모두는 혼의 영역이 공사 중입니다.

"너희도 성령 안에서 하나님이 거하실 처소가 되기 위하여

그리스도 예수 안에서 함께 지어져 가느니라"(에베소서 2:22)

공사 중일 때는 아름답지 않습니다.

먼지가 풀풀 나고 보기 흉한 철근이 삐져나와 있습니다. 하지만 우리 안에 하나님이 계시므로 하나님이 우리를 하나님의 형상으로 아름답게 빚어나가실 것입니다.

우리가 다른 사람의 결점을 보았을 때 '저 사람도 지금 공사 중이지…'라고 생각하면서 기다려줘야 합니다. 거듭난 사람은 영이 완전히 깨끗하게 되었기 때문에 지금보다 더 혼의 영역이 깨끗하게 되기를 원합니다. 우리 안에 계신 주님의 영으로 말미암아 우리는 지금보다 더 깨끗하게 될 것입니다.

다시 기억했으면 좋겠습니다.

"우리 모두는 지금 공사 중입니다!"

2장
우리를 도와주시는 하나님

결박을 끊어주시는 하나님

예수님은 이 땅에 마귀의 일을 멸하러 오셨습니다.

어제나 오늘이나 동일하신 예수님은 지금도 우리를 자유케 하고 계십니다. 모든 억압과 중독에서 우리가 벗어나기를 원하십니다.

진리를 깨닫게 하셔서 자유케 하시고, 주님의 영이 임재하셔서 자유케 하십니다.

자유로운 상태에서 하나님께 우리가 더 가까이 나아가기를 원하십니다.

제가 믿음이 부족하지만 주님께서 뜻이 있으셔서인지… 그 즈음에도 주님께서 저의 기도에 응답하셔서 사람들을 질병과 중독에서 자유케하시어 주님께서 영광 받으신 일들이 있어, 주님께서 역사하셔서 이뤄진 일이기에 주님을 높이는 마음으로 조심스럽게 몇 사례를 소개합니다.

게임중독에서 해방되다

컴퓨터 중독이 너무 심해서 학교에도 잘 가지 못하는 한 고등학생이 있었습니다.

그 학생은 곧 미국으로 떠나야 하는 상황이었기에 부모님의 걱정이 이만저만이 아니었습니다. 부모님은 저에게 기도를 부탁하셨고 저는 주일날 제가 섬기는 교회에서 함께 예배를 드리고 기도를 하기로 약속했습니다.

저는 약속이 있던 그 주간에 충청도에서 3일 동안 집회를 인도하고 있었습니다. 담임 목사님은 기뻐하며 집회를 계속 연장해달라고 부탁하셨고 저는 돌아오는 주일에 그 학생을 위해 기도해 주기로 이미 약속을 했기 때문에 하나님께 먼저 여쭤보고 집회 여부를 결정하기로 말씀드렸습니다.

저 역시도 '집회를 더 연장해야 하지 않나…'라는 생각이 들었지만 하나님께 지금의 상황을 아뢰며 기도를 드렸을 때 하나님이 주신 감동은 원래대로 학생을 위해 기도를 해주라는 것이었습니다. 효율적인 측면에서는 집회를 연장해서 교회에 있는 많은 성도들과 은혜를 나누는 것이 더 나아 보였지만 하나님은 그보다도 한 영혼을 더 귀하게 여기셨던 것 같습니다.

저는 담임 목사님께 집회를 연장하는 것보다는 예정대로 서울로 올라가 봐야겠다고 말씀드리고 주일날 그 학생과 부모님을 만났습니다.

주일 예배를 드린 후에 함께 기도하기 위해 학생을 앞에 앉혔는데 제 눈에 학생 등뼈(흉추 2~3번 정도) 하나가 몸에서 빠져나와 올라갔다가 다시 몸속으로 내려가기를 반복하는 것이 보였습니다.

저는 이것이 '중독의 영'이라는 것을 알았습니다.

그래서 예수님의 이름으로 기도하니 주님께서 학생의 몸에서 중독의 영을 쫓아냈고 그날 학생의 컴퓨터 중독은 끊어졌습니다.

하지만 중독의 위험성은 '재발'한다는 것입니다.

그 학생 또한 미국에 간 지 한두 달이 지나자 다시 컴퓨터 게임을 하고 싶은 마음이 들었다고 합니다. 그래서 컴퓨터 게임을 하려고 컴퓨터를 켰는데 컴퓨터가 고장이 나서 켜지지 않았습니다. 오기가 생긴 학생은 이번에는 노트북을 켰습니다. 그런데 노트북도 켜지지 않았습니다. 그 순간 학생의 마음속에 하나님에 대한 두려움이 생기면서 '하나님께서 게임을 못하도록 막고 계시나 보다'라는 생각이 들었다고 합니다. 그러자 컴퓨터 게임에 대한 욕망이 사그라들었고 재발의 위험에서 벗어날 수 있었다고 합니다.

하나님의 도우심으로 학생의 컴퓨터 중독은 완전히 끊어졌습니다. 이 학생의 경우에는 '중독의 영'이 원인 가운데 하나였지만 모든 중독이 '중독의 영' 때문만은 아닙니다. 하지만 하나님은 우리의 결박을 끊고 자유케 하기를 원하십니다.

"주는 영이시니 주의 영이 계신 곳에는 자유가 있느니라"(고린도후서 3:17)

알코올 중독에서 벗어난 후 예수님을 믿다

제가 인도하는 집회에서 많은 은혜를 받았다는 권사님이 어느 날 아들과 함께 병원에 오셨습니다. 그 아들은 택시 운전을 하고 있었는데 목 디스크가 심한 상태였습니다. 그동안 여러 병원을 다니며 치료를 받았지만 전혀 차도가 없었기에 권사님은 "내가 집회에서 한 목사님을 만났는데 그 목사님한테 가면 너에게 좋을 것 같으니 한번 가보자"라고 설득하여 아들과 함께 제가 있는 병원으로 온 것이었습니다.

저는 아들에게 "우리 병원이 디스크 치료를 잘하는데 의학적인 치료를 받아보실래요?"라고 물었습니다. 하지만 그는 자신이 10년 가까이 목 디스크로 고생을 하며 병원 치료도 많이 받아봤기 때문에 의학적인 치료는 받고 싶지 않다고 대답했습니다. 그 말을 들은 저는 주님께서 담대한 마음을 주셔서 "제가 지금 기도를 해드릴 텐데 병이 나으면 하나님을 믿겠다고 약속하세요. 만약 병이 낫지 않으면 예수님을 믿지 않으셔도 됩니다"라고 말했습니다.

이런 담대함은 원래 제 안에 있던 것이 아닙니다.
하지만 이때는 주님의 담대함이 제 안에 부어졌던 것 같습니다.(하지만 지금은 이렇게 기도하지 못합니다. 만약 병이 낫지 않았다면…. 생각만 해도 아찔합니다. 담대함이 없는 저에게 담대함을 주셔서 사용해 주신 하나님께 진심으로 감사드립니다)

아들은 저의 제안을 받아들였고 저는 그분의 목에 손을 얹고 기도했습니다. 기도를 받고 나서 목 디스크는 완전히 좋아졌다고 합니다. 택시 운전을 하며 하루 종일 목 디스크로 인해 고통스러운 나날을 보냈던 그를 하나님이 완전하게 치유해 주신 것입니다. 나중에 들은 얘기로는 그는 그날 병원에서 나와 차에 도착하자마자 차 안에 있던 염주와 부적을 모두 버렸다고 합니다.

그런데 다음 주에 아들이 어머니와 함께 다시 병원에 왔습니다. 그리고는 "목 디스크는 완전히 좋아졌는데 이번에는 '술 중독'을 끊고 싶습니다"라며 하소연을 했습니다.

자기는 아무리 술을 많이 마셔도 다음 날 속도 편하고 두통도 전혀 없어 술을 끊기 어렵다는 것이었습니다. 그래서 제가 이렇게 기도했습니다.

"하나님, 이분이 하나님의 은혜 안에서 술을 끊기를 원합니다. 술을 마시고 다음 날이 되면 머리가 부서질 듯 아프게 하시고 속도 좋지 않아서 계속 토하게 해주세요. 그래서 술을 완전히 끊게 해주세요."

우리의 기도에 신실하게 응답하시는 하나님은 이분이 술을 마신 다음 날 제가 기도한 모든 증상이 실제로 나타나 엄청나게 고통스러운 경험을 하게 하셨습니다. 덕분에 이분은 그날 이후 술을 완전히 끊었습니다.

우리의 연약함을 친히 담당하시고 결박을 끊어주시는 하나님께 감사드립니다. 하나님은 우리를 자유케 하신 다음에 우리의 자유 의지로 하나님을 따르기를 원하십니다.

"친히 나무에 달려 그 몸으로 우리 죄를 담당하셨으니 이는

우리로 죄에 대하여 죽고 의에 대하여 살게 하려 하심이라…"

(베드로전서 2:24)

기도를 많이 해도 악한 영에게 묶일 수 있다

기도를 많이 하는 것보다 더 중요한 것은 '말씀대로 기도하는 것'입니다.

우리의 모든 기준은 오직 말씀입니다. 축구 경기의 규칙이 다르고 야구 경기의 규칙이 다르듯이 기도의 종류에 따라 기도의 원리도 다르다고 생각합니다.

믿음 기도의 원리가 다르고 명령 기도의 원리가 다르다고 생각합니다. 그래서 우리는 먼저 말씀을 알아야 합니다.

"진리를 알지니 진리가 너희를 자유롭게 하리라"(요한복음 8:32)

저는 귀신을 쫓아낼 때는 명령 기도를 합니다.

우리에게 주신 예수 이름의 권세로 쫓아내야 하기 때문입니다. 이때는 간구하는 기도가 아닌 대적하는 기도를 합니다.

어느 날 한 권사님이 병원에 오셨습니다.

그분은 매일 하루에 다섯 시간 정도를 기도한다고 하셨습니다.

저는 속으로 '이 분은 귀신을 쫓아내는 기도는 안 해도 되겠구나'라고 생각했습니다. 그 당시 병원에 오시는 분들을 위해서 기도할 때 귀신을 쫓아내는 기도를 많이 하던 때라 제 생각이 자연스럽게 그쪽으로 흘렀던 것 같습니다.

하지만 그분에게 손을 얹자마자 제 생각이 틀렸다는 것을 알았습니다.

악한 영들이 권사님을 붙들고 있는 것을 알 수 있었기 때문입니다.

저는 오랜 시간 귀신을 쫓아내는 기도를 하고 난 후에 권사님에게 "권사님은 기도하실 때 악한 영들을 쫓아내는 기도는 안 하십니까?"라고 질문했습니다. 그랬더니 권사님은 그런 얘기는 들어본 적이 없다며 "저는 자녀와 가정, 그리고 교회와 열방 선교를 위해서 하나님께 도와달라는 기도만 드립니다"라고 답했습니다. 그동안 권사님은 청원 기도만 하고 있었던 것입니다.

저는 "권사님, …마귀를 대적하라 그리하면 너희를 피하리라(야고보서 4:7)라는 말씀을 아시죠? 우리가 집에 도둑이 들어오면 그 도둑을 쫓아내야 하는 것처럼 하나님은 하늘과 땅과 땅 아래 있는 모든 피조물이 무릎 꿇을 수밖에 없는 예수님의 권세를 사용하여 지금 우리가 있는 이곳에 하나님의 나라가 임하도록 기도하기를 원하십니다"라고 말씀드렸습니다. 그러자 권사님은 고개를 끄덕이며 "아, 그렇군요. 그러면 저도 이제부터 그렇게 기도해 볼게요"라며 미소를 지었습니다.

예수님은 누가복음 11장에서 귀신을 쫓아내면 하나님 나라가 임한다고 말씀하셨습니다. 함께 기도 후에 권사님은 환해진 얼굴로 집으로 돌아가셨습니다.

제가 이 글을 쓰고 있는 지금 "예수의 이름 안에 능력 있네, 모든 결박을 끊을 수 있는, 모든 결박 끊어지네(There is power in the name of Jesus, To break every chain, Break every chain)"라고 선포하는 찬양이 흘러나오고 있습니다.

하나님은 우리의 삶을 놀랍게 통치하는 분이십니다.

그리스도 안에 있는 우리의 삶은 정말 놀라운 삶입니다.

하나님이 「하나님」 됨을 나타내시는 삶이기 때문입니다.

그다음 주에 권사님이 환한 얼굴로 병원을 다시 방문하셨습니다. 저는 '권사님의 질병이 완전히 좋아졌나 보다'라고 생각했습니다.

그런데 권사님이 뜻밖의 말씀을 하셨습니다.

지난주에 기도를 받고 집으로 돌아간 후에 주일이 되었는데 5년 가까이 교회에 나가지 않던 남편이 갑자기 교회에 가겠다며 양복을 달라고 했다는 것입니다. 그 주에 남편이 치과에 갔는데 그 치과 의사가 신앙 간증 테이프를 주었고 남편이 그 테이프를 듣고 '이제는 교회에 나가야겠다'라고 마음을 먹었다는 것입니다.

하나님은 저를 통해서 그 집안에 있던 악한 영들을 쫓아내시고 그 치과 의사를 통하여 남편의 마음을 다시 하나님께로 돌이키셨습니다. 합력하여 선을 이루신 것입니다.

하나님은 지금도 기도와 복음 전도를 통해 잃어버린 영혼들을 찾아 구원하고 계십니다. 하나님은 사탄이 복음을 믿지 않는 영혼들을 꼭 움켜쥐고 있지만 포기하지 않으시고 찾으시며 또한 세상에 있는 하나님의 자녀들을 사랑하시되 끝까지 사랑하십니다.

"유월절 전에 예수께서 자기가 세상을 떠나 아버지께로

돌아가실 때가 이른 줄 아시고 세상에 있는 자기 사람들을 사랑하시되

끝까지 사랑하시니라"(요한복음 13:1)

담배를 끊고 회개하다

하나님은 사랑이십니다.

사랑은 모든 허물을 덮습니다.

우리가 누군가를 사랑할 때는 그 사람의 좋지 않은 것도 문제가 되지 않습니다. 고쳐야 될 점이 있다고 그 사람을 싫어하지 않습니다.

사랑은 그냥 그 사람이 좋은 것입니다.

안 좋은 부분이 있음에도 불구하고 그 사람을 사랑합니다.

사랑이 모든 것을 바꿉니다.

진정한 사랑을 경험할 때 우리는 변화되기 시작합니다.

하나님은 우리를 너무나 사랑하십니다.

우리의 좋지 않은 점, 끊어야 하고 고쳐야 할 점 그대로 가지고 하나님 앞에 나오십시오. 하나님이 고쳐주시고 끊게 하십니다. 우리가 연약해서 하지 못하는 것을 하나님이 하시면 참 쉽습니다. 하나님은 우리를 지금 모습 그대로 받아주십니다. 그리고 사랑을 부으셔서 하나님의 형상으로 만들어 가십니다. 하나님은 자유하신 분입니다. 그래서 우리에게 더 놀라운 자유를 선물로 주시기 원하십니다.

양산에서 집회를 할 때의 일입니다.

기도 사역을 하기 위해 준비하는 중에 하나님이 어떤 남자분을 지목하시며 제일 먼저 기도를 해주라는 감동을 주셨습니다.

저는 그분에게 "앞으로 나오세요"라고 한 후 그분 앞에 섰습니다. 그런데 그분은 얼굴에 인상을 쓰고 있었습니다.

저는 속으로 '왜 인상을 쓰고 있지? 기도 받기가 싫은가?'라고 생각했지만 성령님의 감동대로 기도를 했습니다.

나중에 들은 얘기로는 그분이 전에 기도를 받으며 생긴 안 좋은 기억 때문에 이때도 마음을 열지 못하고 인상을 쓰며 기도를 받으러 나왔다는 것입니다.

하지만 우리가 하나님 앞에 온전히 마음을 열지 못해도 하나님은 하나님의 일을 하십니다. 그분에게 손을 얹고 기도를 하자마자 하나님의 엄청난 사랑이 부어지기 시작하더니 그분은 하나님의 사랑 안에서 크게 울기 시작했습니다. 지금은 목사님이 되셨지만 이때는 전도사님이셨던 그분의 아내가 자기 남편은 절대로 사람들 앞에서 우는 사람이 아닌데 이날은 정말 깜짝 놀랐다고 전해주었습니다.

전도사님의 남편은 흡연자였기 때문에 이날도 집에 가서 담배를 피우려고 라이터 불을 켰는데 담배를 피울 수 없었다고 합니다. 그러고는 아내에게 "이번에는 진짜인가 봐. 담배를 피울 수가 없어"라고 말하고는 그날 이후로 담배를 완전히 끊었다고 합니다. 그리고 그날 밤늦게까지 하나님 앞에 회개 기도를 하는 시간을 가졌다고 합니다.

그동안 아내가 교인들과 함께 남편의 금연을 위해 계속해서 중보기도를 했는데 하나님이 그 기도에 응답하셔서 드디어 남편이 담배를 끊게 해주신 것입니다.

우리가 하나님 앞에 낙망하지 않고 계속해서 기도를 하면 하나님은 하나님의 때에 그 기도에 응답하십니다. 우리는 문이 열릴 때까지 계속 두드려야 합니다. 하나님 뜻대로 살기 위한 기도는 하나님이 반드시 들어주시기 때문입니다.

"구하라 그리하면 너희에게 주실 것이요

찾으라 그리하면 찾아낼 것이요

문을 두드리라 그리하면 너희에게 열릴 것이니

구하는 이마다 받을 것이요

찾는 이는 찾아낼 것이요

두드리는 이에게는 열릴 것이니라"(마태복음 7:7-8)

중학생을 자살에서 건지시다

이 세상은 살아가기 쉽지 않습니다.

그래서 때로는 많은 사람들이 잘못된 생각, 결정을 할 때가 있습니다. 하지만 하나님은 그런 우리를 고아와 같이 내버려 두지 않으십니다. 우리는 예수님을 믿고 거듭난 순간 하나님의 자녀가 되었습니다.

하나님은 자녀들의 잘못된 생각을 좋은 생각으로 바꾸십니다. 사탄은 우리에게 부정적인 생각을 집어넣어 죽이려고 하지만, 하나님은 우리에게 소망을 주시며 생명으로 인도하십니다.

제가 인도하던 집회에 몇 번 참석한 집사님 한 분이 저에게 오셔서 이런 말을 하셨습니다.

"제가 몇 번이나 죽으려고 한강 다리에 갔습니다. 하지만 이제는 그런 마음들이 다 사라졌습니다. 감사합니다."

하나님은 살리시는 분입니다.

제가 한 일은 하나도 없습니다. 하지만 하나님 말씀이 생명이기 때문에 그 말씀은 반드시 생명으로 역사합니다. 우리에게 이렇게 놀라운 말씀을 주신 하나님께 감사드립니다. 자격 없는 저를 생명의 통로로 사용해 주셔서 감사합니다.

화성에서 집회를 인도할 때의 일입니다.

이날은 하나님이 바로 앞에 계신 것처럼 성령님의 임재가 너무나 강했기에 기도를 받으러 나온 젊은이들 대부분이 울고 있었고 저 역시 하나님의 임재 가운데 기도 사역에 집중하고 있었습니다.

그런데 담임 목사님이 갑자기 창문을 열고 밖을 내다보시더니 "사람이 떨어졌습니다"라고 외치셨습니다. 저는 기도에 집중하느라 듣지 못했지만 집회 중에 밖에서 "쿵!" 하는 소리가 크게 들렸고 다들 놀라서 웅성거리자 담임 목사님이 급하게 창문을 열어본 것이었습니다.

집회에 참석하신 한 선교사님이 "떨어진 사람을 위해 함께 기도합시다"라고 하셔서 우리는 그 사람을 위해서 중보기도를 하고 그날 집회를 마쳤습니다. 그리고 다음 날 담임 목사님으로부터 그날 밤의 상황을 들을 수 있었습니다.

교회가 있는 건물 7층의 고시원에서 누군가 자살을 하려고 뛰어내렸는데 불행 중 다행으로 1층 안경점에서 쳐놓은 천막 지붕 위에 떨어져 119 구급차가 와서 싣고 갔다는 것이었습니다.

저는 마음속으로 하나님께 질문했습니다.

'하나님, 어젯밤에 집회 가운데 하나님의 임재가 그렇게 강하게 나타났는데 바로 위층에 있던 사람을 자살하지 않도록 막아주실 수는 없으셨나요?'

하지만 하나님은 아무 말씀도 하지 않으셨습니다.

그리고 2주가 지난 후에 저는 다른 교회에서 집회를 인도하게 되었습니다.

설교를 하고 있는데 성령님께서 갑자기 2주 전에 있었던 '자살 시도'에 대한 이야기를 하라는 감동을 주셨습니다. 저는 주신 감동대로 그때의 이야기를 하고 설교를 마쳤는데 갑자기 한 남학생이 손을 들더니 간증을 하고 싶다고 말했습니다.

저는 "기도 사역을 해야 하니 5분 안으로 짧게 이야기하세요"라고 말하며 마이크를 넘겼습니다.

그런데 마이크를 넘겨받은 그 학생이 생각지도 못한 이야기를 했습니다.

"저는 오늘 예배를 끝으로 자살을 하려고 마음먹었습니다. 그런데 오늘 예배를 통해서 하나님이 정말로 살아계시다는 것을 알게 되었습니다."

그 학생은 중학교 2학년이었는데 부모님의 돌봄을 전혀 받지 못하고 있었기에 너무 외롭고 힘든 마음에 자살까지 결심한 것이었습니다.

그 학생의 간증을 듣고 집회에 참석한 많은 성도들이 눈물을 흘렸습니다.

저는 성도들을 향하여 "여기 참석하신 분들이 교회에서 이 학생을 볼 때마다 부모님의 심정으로 많은 관심과 사랑을 주셨으면 좋겠습니다"라고 부탁을 드렸고 많은 성도들이 고개를 끄덕이며 동의하셨습니다.

하나님은 힘든 사람에게 찾아오십니다.

베데스다 연못의 38년 된 환자를 찾아오셨고 사마리아 여인에게도 찾아오셨습니다.

주님은 지금도 우리의 가장 연약하고 힘든 상황에 찾아오시기를 원하십니다.

또한 우리가 모두 예수님의 몸이기 때문에 다른 힘든 사람들을 외면하지 않고 도와주기를 원하십니다.

하나님은 우리를 사랑의 통로로 쓰시기를 원하십니다.

저는 우리의 모든 힘든 상황 가운데 주님이 찾아오시기를 기도합니다.

"우리는 그가 만드신 바라

그리스도 예수 안에서 선한 일을 위하여 지으심을 받은 자니

이 일은 하나님이 전에 예비하사

우리로 그 가운데서 행하게 하려 하심이니라"(에베소서 2:10)

재정을 채워주시는 하나님

말씀대로 축복하시다

"여호와(하나님)께서 너를 위하여 하늘의 아름다운 보고를 여시사

네 땅에 때를 따라 비를 내리시고

네 손으로 하는 모든 일에 복을 주시리니

네가 많은 민족에게 꾸어줄지라도 너는 꾸지 아니할 것이요"

(신명기 28:12)

우리는 신앙생활을 할 때 우리가 해야 할 일과 하나님이 하실 일이 따로 구분되어 있다는 것을 알아야 합니다. 예를 들어 "네 입을 넓게 열라 내가 채우리라"(시편 81:10)라는 말씀에서 입을 열어 기도를 하는 것은 우리가 해야 할 일이고 그 기도에 응답해 주시는 것은 하나님이 하실 일입니다. 또한 "너희 말이 내 귀에 들린 대로 내가 너희에게 행하리니"(민수기 14:28)라는 말씀에서 선포는 우리가 해야 할 일입니다.

신년 집회 가운데 하나님이 위의 말씀을 저에게 주신다는 감동을 주셨기 때문에 저는 말씀에서 '너'라는 구절에 저의 이름을 넣어서 아래와 같이 선포했습니다.

"여호와 하나님께서

재홍이를 위하여 하늘의 아름다운 보고를 여시사

재홍이 땅에 때를 따라 비를 내리시고

재홍이 손으로 하는 모든 일에 복을 주시리니

재홍이가 많은 민족에게 꾸어줄지라도

재홍이는 꾸지 아니할 것이요."

저는 이 말씀으로 반복해서 기도했습니다.

그랬더니 하나님이 재정에 관하여 일하기 시작하셨습니다. 말씀으로 기도하고 한 달 동안 하나님이 많은 일을 행하셨는데 그중 첫 번째는 병원에서 일어났습니다.

어느 날 원장님이 저보고 수고가 너무 많다고 하시면서 이번 달부터 직책 수당을 추가로 주시겠다고 하셨습니다. 말씀으로 기도했더니 갑자기 월급이 더 많아진 것입니다.

이때부터 월급에 직책 수당이 추가되었습니다.

그리고 며칠 후에 일본 오사카에 살고 계신 집사님 한 분이 하나님이 저에게 선교 헌금을 보내라는 감동을 주신다며 통장번호를 가르쳐 달라며 전화를 하셨습니다.

그 당시 저는 선교에는 관심이 없던 터라 속으로 '설마 하나님이 나중에 선교사로 나가라고 하지는 않으시겠지?'라고 생각하며 집사님에게 다시 한번 기도해 보라고 권했습니다. 그랬더니 그 집사님은 하나님이 계속해서 동일한 마음을 주신다고 답하셨습니다.

그래서 집사님에게 "저는 선교사로 나갈 마음이 없고 선교에 관심이 없습니다"라고 솔직하게 말씀드렸습니다. 그러자 집사님은 "하나님이 저에게 계속해서 동일한 마음을 주시기 때문에 저는 그 감동에 순종하고 싶습니다"라고 말해 하는 수없이 그분에게 저의 통장번호를 가르쳐 드렸습니다.

오사카의 그 집사님은 지금은 목사님이 되셨고 저희와 함께 연합해서 선교사역을 하고 있습니다. 지금에 와서 돌이켜 보면 하나님이 저를 선교로도 부르셨기 때문에 이때 미리 확증을 주신 것 같습니다.

저는 계속해서 신명기 28장 12절 말씀으로 기도를 드렸고 하나님 또한 계속해서 일하셨습니다.

어느 날 병원에서 치료를 하던 중 환자가 잠깐 나갔다 오겠다고 하셨습니다.

저는 화장실이 급해서 그런 줄 알고 다녀오시라고 했는데 잠시 후에 돌아온 환자는 선생님께 드리고 싶다면서 봉투를 내밀었습니다. 알고 보니 그분이 치료실에 들어왔을 때 성령님이 감동을 주셔서 재정으로 섬기게 하신 것입니다.

그 무렵 저는 운동화가 너무 낡아서 그 주 토요일에는 새

운동화를 사야겠다고 마음먹고 있었는데 그 환자를 통해서 하나님께 운동화를 선물로 받았습니다.

하나님은 우리의 작은 필요조차도 채우시는 너무나 섬세하신 분입니다.

말씀으로 기도하는 그 한 달 동안 하나님은 닥스 구두와 내비게이션까지 공급해 주셨고 은행에서는 투자한 돈이 52%의 수익률을 올렸다며 찾아가라는 연락을 해왔습니다.

제가 1년 전쯤 조금의 여윳돈이 있어서 저축하려고 은행에 갔는데 "한 군데에 몰아서 투자하라"라는 감동이 있어서 남은 돈을 전부 M 투자회사에 넣은 적이 있었습니다. 그런데 마침 신명기 말씀으로 기도하고 있을 때 52%의 수익률을 내고 만기가 되었으니 찾아가라는 연락을 받은 것입니다. 그 돈은 찾아서 하나님이 주신 감동대로 전부 헌금을 드렸습니다.

삶의 작은 부분까지 다스리시는 놀라우신 하나님께 감사를 드립니다.

"여호와의 지으심을 받고
그가 다스리시는 모든 곳에 있는 너희여
여호와(하나님)를 송축하라
내 영혼아 여호와를 송축하라"(시편 103:22)

우리의 기도를 들으시고 재정을 도와주시다

집회에서 은혜를 많이 받은 한 집사님이 저에게 이렇게 고백했습니다.

"집회 전에는 하나님이 시아버지셨는데 집회를 통해 친정 아빠로 바뀌었어요."

친정 아빠는 딸을 적극적으로 도와줍니다. 친정 아빠이신 하나님은 세상에서 가장 부자이십니다. 그래서 우리가 재정적인 어려움에 처해있을 때 도와주시기를 원하십니다. 이것을 안 사도바울은 다음과 같이 고백했습니다.

"나의 하나님이 그리스도 예수 안에서 영광 가운데
그 풍성한 대로 너희 모든 쓸 것을 채우시리라"(빌립보서 4:19)

하나님께 우리가 도움을 받는 통로가 기도입니다.

우리가 어려울 때 기도하면 하나님은 우리의 모든 필요를 채워주실 것입니다.

기도를 통하여 재정의 복을 받은 여러 사례 중 첫 번째 사례인 한 자매님이 기억이 납니다.

이분은 재정이 부족하여 역세권이 아닌 주택가 버스 정류장 근처에서 남편과 함께 옷 가게를 운영하셨습니다.

자매님은 척추가 좋지 않아서 우리 병원에서 치료를 받는 중이었는데 어느 날은 오후 5시경에 와서 "아침 9시부터 이때까지 2만 원대 옷을 세 벌밖에 못 팔았다"라며 힘든 마음을 토로하셨습니다.

옷 가게를 시작하기는 했지만 상권이 좋지 않아서 장사가 잘 안되는 상황이었고 남편도 직장을 그만두게 되어 부부가 함께 옷 가게에만 매달리는 형편이었습니다.

이 이야기를 듣고 저는 안쓰러운 마음이 들었습니다.

그래서 그 자매님에게 안수를 하며 이렇게 기도했습니다.

"하나님, 하나님은 이 세상에서 가장 부요하신 분이시잖아요. 하나님의 딸인 이 자매님을 불쌍히 여기셔서 도와주세요. 자녀가 아무것도 없을 때 부모가 나서서 도와주는 것처럼 하나님 아버지께서 이 딸의 사업과 재정을 도와주세요."

기도와 치료를 받은 후 그 자매님은 돌아갔습니다.

그런데 정말 하나님이 도와주시기 시작하셨습니다.

가게에 도착한 오후 6시 즈음부터 밤 10시 30분까지 손님이 계속 들어와 그날 저녁에만 160만 원 정도의 옷을 팔게 된 것입니다.

아침부터 오후 5시까지 6~7만 원가량의 매출만 있었는데 같이 기도하고 돌아가서 가게 문을 닫을 때까지 160만 원어치의 옷을 팔게 된 것입니다. 자매님은 다음 날도 160만 원가량의 매출을 올렸고 하나님이 계속해서 역사하셔서 이후에도 장사가 잘 됐다고 전했습니다.

"너희가 악한 자라도 좋은 것으로 자식에게 줄 줄 알거든

하물며 하늘에 계신 너희 아버지께서 구하는 자에게

좋은 것으로 주시지 않겠느냐"(마태복음 7:11)

우리의 어려움과 연약함을 도와주시는 하나님께 감사드립니다. 하나님은 자녀들의 어려움을 도와주기 원하시는 인자와 긍휼이 넘치는 아버지이십니다.

그 아버지께 우리가 기도와 간구로 아뢸 때 하나님의 하나님 되심을 보여 주실 것입니다.

고난 가운데 있는 우리를 도와주기 원하는 것이 아버지의 마음입니다.

"너희 중에 고난 당하는 자가 있느냐 저는 기도할 것이요…"

(야고보서 5:13)

가난의 영을 끊어내고 부요함을 풀어놓으라

하나님 아버지는 우리에게 좋은 것을 주시는 분입니다.

우리에게 좋은 것을 주시려고 예수님을 이 땅에 보내셨습니다. 예수님은 가장 부요하신 분이신데 우리에게 부요함을 주시기 위해서 스스로 가난해지셨습니다.

"우리 주 예수 그리스도의 은혜를 너희가 알거니와

부요하신 이로서 너희를 위하여 가난하게 되심은

그의 가난함으로 말미암아 너희를 부요하게 하려 하심이라"

(고린도후서 8:9)

이 말씀이 깨달아지면서 우리를 부요하게 하기 원하시는 하나님의 갈망이 제 마음에 부어졌습니다. 그래서 당시에는 교회에서 집회할 때 가난의 영을 끊어내고 부요함을 풀어놓는 사역을 했습니다.

우리 하나님은 가난의 어려움에서 우리를 건져주시는 좋으신 하나님이십니다. 하지만 우리가 광야에서 훈련받고 있을 때는 그날그날 먹고 살 수 있을 만큼만 도와주십니다.

창원에 있는 교회에서 집회할 때의 일입니다.

하나님께서 이 교회에 가난의 영을 끊어내고 부요함을 풀어놓으라는 감동을 주셨습니다.

이 교회는 개척한 지 10년쯤 된 교회인데 지하 1층에 위치한 아주 작은 교회였습니다.

하나님은 집회 가운데 회개의 영을 먼저 부으셨습니다.

회개를 통해 교인 한 사람 한 사람의 마음을 정결케 만지신 것입니다.

이날 회개의 영이 얼마나 강하게 부어졌는지 다들 부모님이 돌아가셨을 때보다도 더 많이 울었다며 주신 은혜에 감사했습니다.

집회는 금요일부터 3일 동안 계속됐는데 주님께서 주일 오후에 가난의 영을 깨뜨리라는 감동을 주셨습니다.

저는 성령님의 감동대로 주일 오후에 예수님의 이름과 보혈의 능력으로 가난의 영을 먼저 쫓아내게 하셨고 성도들과 함께 각자 하나님의 음성을 듣고 주신 감동대로 헌금을 드리는 시간을 가졌습니다.

경제적으로 어려운 성도들이 많았지만 모두 하나님이 주신 감동대로 헌금을 했고 하나님은 이날 예배 가운데 놀라운 기적을 행하셨습니다.

다음날 제가 서울로 올라가기 전에 창원에 있는 교회의 담임 목사님으로부터 전화가 왔습니다. 좋은 건물이 매물로 나왔는데 저와 함께 가서 봤으면 좋겠다고 말씀하셨습니다. 함께 건물을 보는 가운데 하나님이 확증을 주셔서 250평짜리 건물을 그 자리에서 바로 매매계약을 했습니다. 그리고 인테리어 공사를 한 후 교회당을 이전하게 되었습니다.

또한 성도들 개개인의 삶에도 놀랍게 역사하셔서 학원 교사였던 분이 원장으로 승진하고 사업을 하는 성도의 계약이 계속 체결되는 등 크고 작은 재정의 기적이 많이 일어났습니다.

아무것도 내세울 것 없는, 보잘것없는 저를 통하여 이렇게 놀라운 일을 행하신 주님께 몸 둘 바를 모르게 감사했습니다.

여수에 있는 교회에도 주님께서 역사해 주셨습니다.

담임 목사님으로부터 집회를 인도해달라는 연락을 받고 기도하는 중에 이 교회에도 가난의 영을 끊고 부요함을 풀어놓으라는 감동을 주셨습니다.

그런데 얼마 후에 담임 목사님으로부터 한 통의 전화가 걸려왔습니다. 국내 유명한 목사님이 집회를 하기로 했으니 저의 집회는 다음으로 미루자는 내용이었습니다.

저는 알겠다고 말씀드리고 담임 목사님과 집회와 관련해서 이야기를 나누는 중에 이번 집회를 위해서 기도하는데 하나님께서 집회 가운데 가난의 영을 끊고 부요함을 풀어놓으라는 감동을 주셨다고 말씀드렸습니다. 그러자 목사님이 예정대로 집회를 진행하자고 하셨습니다. 나중에 알고 보니 당시 그 교회는 이미 경매에 넘어간 상태였습니다.

집회는 하나님께서 많은 은혜를 부어주셔서 자영업을 하는 성도들도 가게 문을 닫고 모두 참석할 정도로 성황리에 마쳤습니다. 담임 목사님도 이런 모습은 처음 봤다며 놀라워하셨습니다. 집회가 끝난 후 하나님은 담임 목사님에게 감동을 주셔서 새벽마다 말씀으로 재정을 가르치게 하셨고 다음 해에는 성도 대부분의 십일조가 몇 배 증가하는 재정의 큰 복을 받게 되었습니다.

집회를 인도할 당시 교회를 위해서 기도할 때 성령님이 저에게 계속해서 어떤 날짜를 보여주셨는데 당시에는 알지 못했지만 그 날짜는 이후 교회가 경매에서 완전히 자유롭게 된 날짜였습니다.

우리는 하나님을 따라가면서 재정의 어려움을 겪는 시기들을 통과합니다. 하지만 우리가 계속해서 기도와 믿음으로 주님을 따라가면 가장 정확한 때에 하나님께서 자유케 하실 것입니다. 우리의 모든 자랑은 오직 '복음'과 '하나님께서 하셨다'가 되어야 합니다. 사람은 할 수 없으나 하나님은 하실 수 있습니다.

"이르시되 무릇 사람이 할 수 없는 것을 하나님은 하실 수 있느니라"

(누가복음 18:27)

성경은 구약 다음에 신약이 배치되어 있습니다.

구약은 각 개인의 삶에서 '우리는 안 된다'를 배우는 시기로 곧 우리의 연약함을 배우는 시기인 것 같습니다.

우리 스스로 아무리 힘을 쓰고 노력해도 되지 않는다는 것을 배우게 되면 그다음 과정은 철저히 주님을 의지하게 되어있습니다.

'사람은 할 수 없다'는 것을 배운 사람들에게는 신약의 축복인 '하나님은 하실 수 있느니라'를 경험하게 됩니다. 능력으로, 힘으로 되지 않는 일을 오직 하나님의 영으로 가능함을 계속해서 보게 될 것입니다.

"그가 내게 대답하여 이르되
여호와께서 스룹바벨에게 하신 말씀이 이러하니라
만군의 여호와께서 말씀하시되 이는 힘으로 되지 아니하며
능력으로 되지 아니하고 오직 나의 영으로 되느니라"(스가랴 4:6)

우리를 인도하시는 하나님

내 딸아 난 네가 틀려도 괜찮다

성령님은 우리를 항상 말씀이신 예수님에게로 인도하십니다.

"하나님은 사랑이시라."

우리가 하나님을 더 알아간다는 것은 하나님의 사랑을 더 알아가는 것입니다.

성령님의 감동을 통하여 우리는 하나님 아버지의 마음을 더욱더 알아갑니다. 큰일에만 우리를 인도하시는 것이 아니라 삶의 작은 일에도 우리가 그분의 마음을 알아가기를 원하십니다.

미국 워싱턴주에서 집회를 할 때 한 자매를 위하여 기도하게 됐습니다.

그런데 성령님께서 감동을 주시어 이렇게 기도했습니다. "내 딸아 난 네가 틀려도 괜찮다. 너의 존재 자체가 나에게 기쁨이란다. 사랑한다 내 딸아, 기뻐한다 내 딸아."

아주 단순한 감동이었지만 이 기도를 받던 자매는 하나님의 사랑 안에서 하염없이 계속 울고 있었습니다.

나중에 알게 된 사실은 이 자매는 반주자였는데 이날 반주를 하다가 틀려서 담임 목사님에게 호되게 혼이 난 것이었습니다.

가장 귀하신 하나님께 드리는 예배에서 최고로 준비된 예배를 드리기 원하는 담임 목사님의 마음이 이해가 됩니다. 하지만 사랑이신 하나님은 우리의 실수를 이해하시는 아버지이십니다. 목사님에게 혼이 나서 마음이 힘들고 괴로운 자매님을 하나님은 위로하시기 원하셨습니다.

고의로 실수하는 사람은 아무도 없습니다. 하지만 그 실수가 우리가 하나님을 향하여 나아가는데 있어서 우리의 발목을 잡으면 안 됩니다. 하나님은 우리가 실수를 털고 그 실수를 교훈 삼아 더 나은 방향으로 나아가기를 원하십니다. 사탄은 우리를 계속 과거에 묶어 놓으려고 합니다.

하지만 하나님은 우리가 사도 바울처럼 부르신 푯대를 향하여 계속 나아가기를 원하십니다.

"푯대를 향하여 그리스도 예수 안에서

하나님이 위에서 부르신 부름의 상을 위하여 달려가노라"(빌립보서 3:14)

사랑은 허물을 이해하고 용서합니다.

우리를 하나님의 형상으로 회복시키실 분은 오직 하나님 한 분 외에는 없습니다. 그러므로 실수가 많고 허물이 많을수록 하나님께 더 가까이 나아가야 합니다.

우리 모두에게는 거룩함이 필요합니다.

예수님은 우리를 거룩하게 하시는 분이시고 우리는 거룩하게 함을 입는 사람입니다. 우리는 말씀 앞으로, 하나님의 임재 안으로 계속 나아가야 합니다. 그 안에 머물 때 우리 안에 거룩함이 자라나게 됩니다.

거룩함은 단순하게 말하면 하나님과의 거리입니다.

성소는 거룩한 장소입니다. 하지만 하나님이 거하시고 하나님과 만나는 장소는 지성소입니다. 지성소는 지극히 거룩한 장소입니다. 하나님과의 거리가 가까울수록 더 거룩해지는 것입니다. 왜냐하면 거룩함은 오직 하나님께로부터 우리에게 주어지기 때문입니다.

"거룩하게 하시는 이와 거룩하게 함을 입은 자들이 다 한 근원에서 난 지라 그러므로 형제라 부르시기를 부끄러워하지 아니하시고"

(히브리서 2:11)

예수님께서 성소와 지성소 사이에 있는 휘장을 찢으셨습니다. 휘장을 찢으신 목적 가운데 하나는 우리가 지성소에 매일 들어가기를 원하셨기 때문입니다. 우리는 매일매일 지성소 안에서 머무는 경건의 훈련을 해야 합니다.

하나님을 우리에게 가장 정확하게 알게 하시는 분은 하나님이십니다. 지성소 안에는 많은 변화가 예비되어 있습니다. 주님의 영으로 말미암아 영광에서 영광으로 변화되는 것이 하나님의 계획이십니다.

훈련은 쉽지 않습니다.

하지만 매일매일 꾸준히 행하면 반드시 우리에게 변화가 생길 것입니다.

하나님이 만드신 세상의 법칙 가운데 하나는 '양이 쌓이면 질적인 변화가 일어난다'는 것입니다.

예를 들어 영어를 매일 공부하는 양이 쌓이면 영어의 질적인 변화가 일어나게 되어 있습니다. 전혀 들리지 않고 말할 수 없었던 영어를 매일 몇 시간씩 반복해서 연습하면 들리기 시작하고 말할 수 있게 됩니다. 즉 양이 쌓여서 질적인 변화가 일어난 것입니다.

"예수께서 그들에게 이르시되 항아리에 물을 채우라 하신즉
아귀까지 채우니 이제는 떠서 연회장에게 갖다 주라 하시매
갖다 주었더니 연회장은 물로 된 포도주를 맛보고도 어디서 났는지

알지 못하되 물 떠온 하인들은 알더라 연회장이 신랑을 불러"

(요한복음 2:7-9)

양을 쌓는 것, 항아리에 물을 채우는 것은 우리가 해야 할 일입니다. 우리는 질그릇이며 물은 말씀을 상징하기 때문에 우리 마음 안에 하나님의 말씀을 많이 채우는 것은 우리가 해야 합니다.

양이 채워지면 하나님은 물을 포도주로 변화시키는 질적인 변화를 일으키십니다.

얼마 전에 TV에서 평균 연령이 75세가량 되는 할머니들이 모여서 일주일에 두 번 태권도를 배우는 것을 보았습니다. 처음엔 여기저기 아프셨던 분들이 몸이 건강해져서 통증이 없어지고 발차기로 격파까지 하는 모습을 보았습니다. 70세가 넘은 나이에 시작해도 양이 쌓이면 질적인 변화가 오게 되어 있습니다.

경건의 훈련은 이생뿐 아니라 내생에도 하나님의 약속이 있습니다. 말씀과 기도와 헌신과 지성소 안에 머무는 경건의 훈련의 양이 쌓이면 질적인 변화가 따라오게 됩니다. 지금부터 시작해도 늦지 않습니다. 하나님은 우리가 '주의 영으로 말미암아' 변화되기를 원하십니다.

"우리가 다 수건을 벗은 얼굴로 거울을 보는 것 같이 주의 영광을 보매
그와 같은 형상으로 변화하여 영광에서 영광에 이르니
곧 주의 영으로 말미암음이니라"(고린도후서 3:18)

한 끼 순종에 영혼 구원

하나님께서 하신 일이 한 가지 생각납니다.

집사님 한 분이 저를 식사에 초대하셨습니다.

음식점 문 앞에 섰을 때 갑자기 성령님께서 감동을 주셨습니다. 저에게 오늘 식사를 사라는 것이었습니다. 저는 잠시 문 앞에 멈춰 서서 하나님께 말씀드렸습니다.

"주님, 오늘은 집사님이 식사를 대접한다고 해서 왔는데요."

그러자 다시 한번 성령님은 저에게 식사를 대접하라는 감동을 주셨습니다.

그래서 저는 "네, 알겠습니다, 주님! 제가 사겠습니다" 하고는 음식점으로 들어갔습니다.

음식점 안에는 이미 집사님과 남편이 와 계셨습니다.

식사를 하기 전에 식사 기도를 할 때 "오늘 식사는 하나님께서 저보고 사라고 하셔서 제가 사겠습니다"라고 말씀을 드린 뒤, 기도하고 식사를 시작했습니다.

하나님은 너무나 좋으신 분이십니다.

그날 저를 초대한 집사님은 남편이 교회에 나가게 해달라고 오랫동안 기도했다고 합니다. 하지만 남편은 크리스천들이 말로는 사랑을 이야기하면서 철저히 이기적으로 사는 모습이 싫었기에 마음의 문을 닫고 있었다고 합니다.

그런데 본인들이 식사를 대접한다고 했는데도 처음 본 목사가 식사를 대접하겠다고 하는 말에 남편의 마음 문이 열리기 시작한 것입니다.

여러 가지 담소를 나누며 식사를 마친 후에 저는 남편분에게 기도를 해드리려고 되겠냐고 물었습니다. 남편분의 동의를 얻어 저는 그분에게 손을 얹고 기도를 시작했습니다.

그런데 기도 중에 남편분이 많이 울었습니다.

하나님께서 남편의 지나온 여정들을 기도를 통해 말씀하시면서 많은 사랑을 부어주셨기 때문입니다.

기도 중에 성령님께서 남편이 앞으로 책을 쓰게 될 거라는 감동을 주셨는데 기도가 끝나고 나서 남편분이 저에게 자기의 평생소원이 책을 쓰는 것이라고 말하며 놀라워했습니다.

하나님께서 자신의 과거와 모든 것을 알고 계심을 체험하게 된 남편은 아내가 그토록 같이 교회를 나가자고 해도 꿈적도 하지 않았는데 바로 그 주부터 교회에 나가게 되었습니다.

하나님께서 하시면 아무리 어려운 일도 간단합니다.

하나님은 우리의 기도를 들으시고 하나님의 때에, 하나님의 방법으로 역사하십니다. 특히 영혼 구원을 위한 기도는 많은 시간이 걸리는 경우가 대부분입니다. 하지만 하나님은 우리가 낙심하지 않기를 원하십니다. 문이 열릴 때까지 계속 기도하는 법을 배우기를 원하십니다.

하나님의 때에 하나님께서 하시면 간단합니다.

"내가 또 너희에게 이르노니
구하라 그러면 너희에게 주실 것이요
찾으라 그러면 찾아낼 것이요
문을 두드리라 그러면 너희에게 열릴 것이니"(누가복음 11:9)

실시간으로 말씀하시다

제가 전도사 시절에 울산에서 집회를 인도하던 때의 일입니다. 그날 저는 여러 사례를 간증했는데 이는 집회 전에 기도하면서 성령님이 감동을 주신 사례들만 추린 것이었습니다. 그런데 갑자기 준비하지 않은 사례를 한 가지 추가하라는 마음을 주셨습니다.

저는 순종하여 성령님이 인도하시는 대로 그 간증을 하였습니다.

그런데 집회가 끝나고 간증한 사례의 주인공인 집사님이 찾아오셔서는 오늘 자신에 대한 간증이 원래 계획에 있었는지 물어보았습니다. 저는 제가 미리 써서 준비한 내용들을 보여 드리면서 원래 계획에 없었다고 말했습니다.

그러자 집사님은 오늘 자신이 기도한 것에 대해서 하나님이 확증해 주셨다며 너무 기뻐하셨습니다. 알고 보니 집사님은 집회 중에 오늘 자신에 대한 간증이 나오면 하나님의 확증인 줄 알고 그대로 순종하겠다고 하나님께 기도를 드린 것이었습니다. 하나님은 그 기도를 받으시고 저에게 갑자기 감동을 주시며 그분의 간증을 하게 하신 것입니다.

우리 하나님은 실시간 응답하시는 하나님이십니다.

또한 우리 하나님은 우리의 연약함을 이해해 주시는 세상에서 가장 좋은 분이십니다.

경기도에서 예배를 인도하고 있었을 때였습니다.

그때 하나님께서 오늘 세 명을 앞으로 불러내서 기도를 하라는 감동을 주셨습니다. 말씀을 다 전하고 나서 주신 감동을 나누며 감동을 주신 대로 하나님께서 지목하시는 분들을 앞으로 불러 기도를 하였습니다. 마지막 세 번째 차례가 되었을 때 하나님께서 이번엔 불러내지 말고 직접 그 사람 앉아있는 자리에 가서 기도를 하라고 하시는 것 같았습니다.

우리의 하나님은 정말 인격적인 분이십니다.

나중에 들어서 알게 된 이야기지만 세 번째로 기도를 받게 된 집사님은 집회 전에 화장실에 갔을 때 '오늘 강사 목사님으로부터 기도를 받게 될 것'이라는 감동을 받았다고 합니다. 제가 말씀을 전하고 난 뒤 "오늘 세 분을 앞으로 불러서 특별 기도를 하라는 감동을 주셨다"라고 하자 본인은 사람들 앞에서 기도 받는 것이 너무 부담스러우니 강사 목사님이 저에게 와서 기도를 해주시면 좋겠다고 기도했다고 합니다. 하나님은 그 기도를 들으시고 저에게 그 집사님이 앉아있는 자리로 가서 기도하라고 감동을 주신 것입니다.

우리는 성령님의 인도하심을 받습니다.

하지만 하나님은 우리가 기도를 받으려고 이곳저곳을 다니기보다는 한 사람 한 사람이 하나님과의 개인적인 친밀함 가운데로 더 깊이 들어오기를 원하십니다.

세상에서도 연인이 서로 사랑해 관계가 깊어지면 제3자가 끼는 것을 좋아하지 않습니다. 둘만의 시간을 갖기를 원합니다. 사랑이 깊어지기 위해서는 더 많은 시간을 가져야 합니다. 그래서 하나님은 우리를 예언으로 인도하지 않으시고 성령님으로 인도하십니다.

우리는 성령님의 인도하심을 더욱 사모하고 그분의 인도하심을 기쁨으로 순종하며 따라가야 합니다. 이렇게 하나님의 인도하심을 따라갈 때 기도를 통하여 확증을 해 주실 것입니다.

"무릇 하나님의 영으로 인도함을 받는 사람은

곧 하나님의 아들이라"(로마서 8:14)

H 집사님의 간증

다음은 H 집사님의 간증입니다.

"제가 목사님을 처음 만나게 된 것은 경남에 있는 한 교회에서였습니다. 당시 공중보건의로 경상남도에서 3년째 군 복무 중이었던 저는 교회의 가르침 아래에서 나라와 민족을 위해서 기도하며 특별히 마지막 때에 한국에 부어질 재정과 여러 리더십에 대해 중보하고 있었습니다.

저의 기도는 시간이 흐르면서 보다 구체적인 내용으로 바뀌었고 더 뜨거워졌습니다. 그러던 중 "입을 크게 열고 주님의 스케일로 구하라"는 담임 목사님의 설교를 듣고 제가 그동안 기도하던 중보의 내용은 어느새 주님께 구하는 제 비전이 되었습니다. 그런데 한 편으로는 늘 마음속에 간절히 '과연 내가 이렇게 기도해도 되는지, 이런 기도를 드려도 되는지, 주님께서 나를 어떻게 보고 계실지'에 대한 물음이 자리 잡게 되었습니다. 당시 여러 예언 사역들을 인터넷으로

접하면서 막연히 '주님 제게도 확증의 기회를 주세요'라는 기도를 점점 더 간절히 드리게 되었습니다.

얼마 후에 교회에서 처음으로 외부 강사를 초청하여 부흥 성회를 계획하게 되었는데 저는 무척 긴장했고 또 무척 간절했습니다. 제가 개인적으로 주님 앞에서 올려드린 여러 가지 기도들과 또한 들었다고 믿었던 주님의 말씀이 과연 하나님께로부터 온 것인지 그리고 저를 향한 그분의 부르심은 무엇인지에 대한 갈망이 가득했기 때문입니다.

집회가 시작되고 첫날 그리고 둘째 날 목사님께서는 집회에 참석한 한 사람, 한 사람의 머리에 손을 얹고 안수해 주셨습니다. 둘째 날 저는 기도를 받으며 체면을 생각할 겨를도 없이 큰 소리를 내어 울기도 했습니다.

제가 이 땅에 세워주셨으면 했던 한 사람을 위한 중보, 또 어느새 제가 비전으로 삼고 골방에서 기도했던 주님과 저만이 알고 있는 내용을 처음 보는 목사님의 입을 통해 제게 말씀해 주셨기 때문입니다. 이후로 저는 지금까지 목사님과 지속적으로 교제하면서 그 꿈을 이루실 주님을 좇는 삶을 살기 위해 열심히 노력하고 있습니다."

이 집회에서 예배 전에 하나님은 H 집사님에게 오늘 하늘문을 여실 것이라는 감동을 주셨고 제가 집사님에게 손을 얹고 기도할 때 제 입을 통해서 오늘 하늘 문을 여신다는 것을 그대로 말씀하시며 확증을 주셨습니다.

하나님은 이렇게 기도로 많은 확증을 주시면서 전 세계에 H 집사님을 통하여 병원(프랜차이즈)을 세우신다고 말씀하셨습니다. 하지만 주님께서 주신 이 약속을 따라가며 많은 어려움을 경험하고 있습니다. 이 과정은 쉽지 않습니다. 하지만 하나님께서 하신 약속이기에 하나님께서 이루실 것입니다.

예언은 받았다고 바로 이루어지지 않습니다.

하나님은 요셉에게 꿈을 주시고 그 꿈을 이루시기 위하여 광야로 인도하셨습니다.

하나님의 꿈을 따라가는 길은 고난일 수 있습니다.

고린도후서 4장 17절 말씀처럼 지금 겪는 고난이 하나님의 영광을 이루게 합니다. 주님은 토기장이시고 우리는 진흙이기에 주님은 우리에게 약속을 주시고 우리를 먼저 하나님의 형상으로 빚으십니다.

이 과정이 힘이 듭니다.

주님의 손으로 우리를 누르면 우리는 숨이 막힙니다. 죽을 것 같습니다. 하지만 그 과정을 통과하면 주님께서 빚으시기 원하시는 모습으로 우리가 나옵니다. 이 과정은 우리 생각대로 일이 진행되지 않습니다.

그래서 우리는 깨어질 수밖에 없습니다.

이는 하나님의 크심을 알아가는 과정입니다. 우리 뜻대로 안 된다는 것은 하나님이 주시는 큰 복입니다. 우리의 삶이 하나님의 뜻대로 흘러간다는 것입니다. 저는 우리의 생각대로 되는 것보다 하나님의 생각대로 되는 것이 훨씬 더 큰 복이라고 생각합니다. 하지만 우리 모두는 연약하기에 우리 뜻대로 되지 않을 때 마음이 힘듭니다.

이때가 말씀을 꼭 붙잡아야 할 때입니다. 하나님께서 주신 비전, 하나님의 약속을 따라가는 우리에게는 지금 안 좋아 보이는 이 모든 것도 합력하여 선을 이룰 것입니다.

"하나님을 사랑하는 자 곧 그 뜻대로 부르심을 받은 자들에게는
모든 것이 합력하여 선을 이룹니다"(로마서 8:28)

하나님의 컨설턴트

장로님 한 분이 교회를 다니지 않는 형제에게 "내가 신뢰하는 목사님이 계시는데 그 목사님께 기도를 받아봐라. 하나님 앞에 나와서 네 인생에 대한 컨설팅을 받아봐라"라고 말씀하시고 그 형제를 저에게 보내셨습니다.

평소 장로님을 신뢰하는 관계였기에 그 형제는 지방에서 KTX를 타고 올라와서 예배를 드리고 저와 기도를 했습니다. 저는 손을 얹고 기도하면서 하나님께서 주신 감동과 보여주신 것을 나눴습니다.

기도를 마친 후 교회를 나가면서 그 형제는 '참 이상한 사람도 있구나'하고 생각했다고 합니다.

형제가 기차역으로 가기 위해 지하철을 탔는데 환승하는 곳에서 할머니가 노트와 볼펜을 팔고 있었답니다.
그때 갑자기 그 형제에게 하나님의 음성이 들렸답니다.
"노트와 볼펜을 사서 네가 기도 받은 내용을 다 적어라."
그 형제는 하나님의 감동대로 노트와 볼펜을 사서 다 적고 그 다음 날부터 계속 새벽예배에 나가기 시작했습니다.

기도는 하나님의 초대입니다.
건강한 기도는 우리를 예수님에게로 인도합니다.
예수님은 사랑이십니다. 따라서 우리는 기도를 통하여 하나님의 사랑을 느낄 수 있습니다. 안 믿는 사람들이 찾아가는 무속인의 점처럼 예언 기도는 무언가를 맞추는데 초점이 있는 것이 아닙니다. 하나님의 감동으로 단순하게 "하나님께서 당신을 무척 사랑하십니다"라는 기도도 아주 좋은 예언 기도가 될 수 있습니다.
성경은 예언은 위로하고 권면하는 것이라고 기록되어 있습니다.
"그러나 예언하는 자는 사람에게 말하여
덕을 세우며 권면하며 위로하는 것이요"(고린도전서 14:3)
하나님이 '전지'하신 것을 우리가 다 지식적으로는 알

고 있지만 그것을 개인적으로 체험할 때 또한 큰 위로가 됩니다.

미국 텍사스 주에서 집회할 때 두 자매에 대해서 하나님께서 감동을 주셨습니다.

두 자매는 함께 새벽 기도를 나가고 있었는데 한 명은 실연을 당한 아픔을 가지고 하나님께 나아갔고, 친구 자매는 실연당한 친구를 위로하기 위해서 함께 새벽 기도를 나갔습니다. 하나님께서 그 상황을 처음 본 저를 통해서 말씀하시며 그들을 위로하셨습니다.

어떤 분은 기도를 받자마자 담임 목사님을 쳐다보았습니다. 그러자 담임목사님은 그분에게 "난 아무 말도 안 했어. 정말이야. 난 아무 말도 안 했어"라고 하셨습니다.

이때는 하나님의 전지하심이 강하게 나타났습니다.

기도를 받은 사람이 도서관에서 공부하고 있는 대학생들에게 전화를 했습니다. 내일이 시험이어서 공부하느라 참석하지 못했던 학생들이 기도를 받으러 교회로 몰려왔습니다. 가끔씩 하나님께서 하나님의 전지하심을 강하게 나타내실 때가 있습니다. 이럴 때면 기도 받은 분들이 아는 분들에게 전화를 해서 그분들이 오기 때문에 몇 시간을 기도 사역을 해도 기도의 줄이 줄어들지 않고 계속 늘어납니다.

제가 하는 것이면 집회 때마다 이런 일이 일어나야 하지만 사실은 전혀 그렇지 않습니다. 하나님이 꼭 필요하시다고 생각하는 집회에 하나님께서 이런 놀라운 은혜를 부어주십니다.

전혀 신령하지 않은 저 같은 사람을 이런 놀라운 통로로 써주시는 것에 대해서 저는 하나님께 감사밖에는 할 말이 없습니다.

하나님은 우리가 하나님의 전지하심을 꼭 믿음으로 염려 없는 평안한 마음으로 살아가기를 원하십니다.

하나님은 전지하시기 때문에 우리의 장점과 단점을 우리 자신보다 더 잘 알고 계십니다.

우리들의 연약함, 특정 부분에 약한 죄성, 언제 어떻게 실패할지까지 다 알고 부르셨습니다.

사탄이 언제, 어떻게 공격할지까지 다 알고 계십니다.

그런 전지하신 하나님께서 한 사람, 한 사람을 향한 구체적인 계획을 가지고 계십니다. 우리들의 실패조차도 합력하여 좋은 결과를 이룰 수 있도록 계획을 짜셨습니다.

우리가 전지하신 하나님을 믿고 단지 순종하며 따라가면 우리는 하나님으로 말미암아 승리할 수밖에 없습니다. 십자가를 통하여 사탄에게 승리하셨고 우리가 그 승리를 누리기 원하시는 하나님께 정말 감사합니다.

우리들의 작은 아픔에도 함께 아파하시며 공감해 주시고

도와주시는 분이 우리가 믿는 이 세상에서 최고로 좋으신 하나님입니다. 그 하나님 앞에 매일 나아갈 수 있다는 것은 우리들의 특권 중의 특권입니다. 이것이 깨달아지면 하나님 앞에 매일 말씀으로, 기도로, 찬양으로 나아가게 됩니다. 의무적으로 하는 것이 아니라 너무 좋아서, 마음으로부터 진심으로 원해서 하게 되는 것입니다.

"그러나 낙심한 자들을 위로하시는 하나님이

디도가 옴으로 우리를 위로하셨으니"(고린도후서 7:6)

그럼에도 불구하고 신실하게 이뤄주시다

한 번은 내년을 향한 말씀 카드를 뽑았습니다.

제가 뽑은 말씀은 "의인은 고난이 많으나 여호와께서 그의 모든 고난에서 건지시는도다 그의 모든 뼈를 보호하심이여 그중에서 하나도 꺾이지 아니하도다"(시편 34:19-20)였습니다. 사실 내년을 향한 말씀을 받기 위해서는 기도를 해서 받은 감동이나 말씀을 보다가 성령님이 주신 감동을 받는 것이 더 건강한 방법입니다.

그럼에도 불구하고 이 간증을 쓰는 이유는 저는 어리석게 보여도 오직 하나님의 선하심을 나타내고 싶기 때문입니다. 너무나 감사한 일을 하나님께서 해주셔서 꼭 전하고 싶기 때문입니다. 혹시 말씀 카드 뽑는 것에 마음이 불편하신 분이라면 넓은 배려심으로 봐주었으면 감사하겠습니다.

내년을 향한 말씀을 뽑았을 때 제 눈에 크게 들어온 것은 "의인은 고난이 많다"라는 것이었습니다. 지금까지도 많은 고난을 통과해 왔는데 내년을 향한 말씀이 고난이 많다는 것에 마음이 무겁고 이 말씀이 싫었습니다. 그래서 그 말씀 카드를 집안 구석 어딘가에 놓고 한 번도 다시 보지 않았습니다. 그리고 그해 가을쯤 목사님 한 분과 함께 미국 샬롯에 있는 모라비안 산장에 가게 되었습니다.

산장에 벽난로가 있었는데 저랑 같이 가신 목사님이 장작을 잘 패셨기 때문에 벽난로를 피워서 따뜻하게 지낼 수 있었습니다. 그런데 둘이 번갈아 가면서 설거지를 하는 중에 그 목사님이 접시에 손을 베어서 장작을 못 패게 되었습니다.

저는 도시에서만 살아서 한 번도 장작을 패본 적이 없었습니다. 하지만 목사님이 쉽다고 하시며 가르쳐 주신 대로, 태어나서 처음으로 장작 패는 것을 시도했습니다.

첫 번째 시도를 할 때 도끼로 장작을 내려쳤는데 힘이 약하고 장작 뒤쪽을 친 바람에 쪼개지지 않았습니다. 그래서 두 번째 시도를 했는데 첫 번째보다는 조금 더 앞쪽으로 있는 힘을 다해서 내려쳤습니다.

그런데 안타깝게도 도끼는 장작을 맞히지 못하고 제 엄지 발가락을 그대로 내려쳤습니다. 그나마 다행인 것은 도끼날 부분으로 맞은 것이 아니라 쇠 부분으로 맞았다는 것입니다. 하지만 정통으로 맞았습니다.

엄지발가락은 잘 부러지는 뼈입니다.

축구를 하다가 다른 사람의 축구화에 세게 밟혀도 부러지고, 자다 일어나 모서리에 세게 부딪혀도 부러집니다.

그런데 있는 힘을 다해 도끼로 내려쳤는데도 골절이 일어나지 않았습니다. 물론 엄지발톱은 다 빠졌습니다. 저는 믿지 않았고 하나님 앞에 신실하지 않았음에도 불구하고 하나님은 말씀 카드에 적혀있는 말씀처럼 저를 신실하게 지켜주셨습니다.

"그의 모든 뼈를 보호하심이여…"(시편 34:20)

저는 너무나 감사했습니다.

예전에 어떤 집사님이 저에게 운동화 선물을 주셨는데 제 발보다 너무 컸습니다. 제가 265cm를 신는데 275cm를 사주신 것입니다. 이때 저는 선물해 주신 것이 고마워서 그 큰 신발을 신고 왔는데 엄지발가락이 퉁퉁 부어서 이 신발이 아니었으면 신발도 신기 어려웠을 것입니다.

이 사건을 통해 실수로 큰 신발을 사주셔도 그것 또한 합력하여 선을 이루신다는 것을 다시 한번 경험했습니다. 엄지발가락이 잘못되면 평생 절뚝거리며 걸을 수밖에 없습니다. 저는 말씀 카드를 뽑고 나서 오히려 마음이 불편했지만 이때는 그 말씀대로 하나님이 이루어주셔서 가장 고마운 말씀이 되었습니다. 우리 하나님은 정말 좋으신 분이십니다.

속이는 자 사탄

하나님은 우리를 약속의 땅으로 인도하시지만 사탄과 그의 졸개들은 우리가 약속의 땅으로 들어가지 못하도록 계속 방해합니다.

사탄은 속이는 자입니다. 하나님은 우리가 적의 속이는 전략을 잘 알아서 속지 않고 승리하길 원하십니다.

제가 교회에 출석한 지 얼마 안 되어 영성 집회에 참석했을 때의 일입니다. 기도를 받기 위해 앞에 나가서 기다리고 있는데 제 속에서 자꾸 두려운 마음이 들었습니다. 그래서 '내가 왜 이렇게 두려워하지?'라고 생각했습니다.

제 기도 차례가 되어 목사님이 손을 얹고 기도해 주시는데 "발목을 붙잡고 있는 두려움의 영은 떠나가라"라는 기도를 해주셨습니다. 제가 느끼기에는 분명 제 생각이었고 제 감정 같았는데 사실은 두려움의 영이 저를 속인 것이었습니다.

사탄은 우리의 생각의 영역과 감정의 영역에서 나 자신인 것처럼 속이면서 문제를 확대시킵니다. 사탄은 우리의 생각과 감정을 속임으로 '부르심의 자리로부터 떠나야겠다'라는 극단적인 생각으로까지 끌고 갑니다.

우리는 모든 문제를 하나님의 관점으로 보아야 합니다.

하나님의 관점에서는 문제가 별거 아닌 걸로 작아 보입니다.

하나님은 너무나 크신 분이시기에 어떤 문제도 그분 앞에서는 작아 보일 수밖에 없습니다.

이것이 믿음의 관점입니다. 하지만 사탄은 문제를 크게 보이게 해서 우리가 그 문제로 인하여 하나님 나라의 기쁨과 평강을 빼앗기게 합니다.

우리는 주변에서 유난히 화를 더 잘 내고, 더 많이 염려하고, 또 많은 것들을 부정적이고 비판적으로 보는 사람들을 봅니다.

우리 모두는 연약한 인간이기에 어느 정도 화를 내고 염려하며 비판할 수 있지만 이것이 과도할 때는 그 뒤에 우리 자신인 것처럼 숨어있는 영을 분별해야 합니다. 그리고 예수님의 이름으로 화내는 영, 염려의 영 등을 쫓아내야 합니다.

중요한 일을 결정할 때는 마음 상태가 안 좋을 때 하면 절대로 안 됩니다. 이때 결정을 내리면 실수하기 쉽고 속기 쉽습니다.

중요한 결정은 마음 상태가 좋을 때 내려야 합니다.

제가 하나님을 믿고 따라가면서 알게 된 것은 하나님은

아주 작은 것에도 고마워하시는 분이라는 것입니다. 감사가 넘치시는 분이 우리 하나님이십니다.

우리를 하나님의 형상으로 만드셨고 하나님이 감사가 넘치는 인격이시기에 우리에게 범사에 감사하라고 하신 것 같습니다. 하나님의 성품이 감사가 넘치시기 때문에 우리가 감사가 넘칠 때 하나님과 잘 통하게 됩니다.

사탄은 항상 불만이 많습니다.
우리가 불만이 많아질 때 사탄과 잘 통하게 됩니다.
감사는 우리 삶 가운데 하나님께서 더 많이 역사하시게 하지만 불만은 우리 삶 가운데 사탄을 불러들입니다.
지금 상황이 힘들고 이해가 되지 않아도 모든 것이 합력하여 선을 이룬다는 말씀을 믿고 매일매일 감사하는 삶을 살아가는 경건의 훈련을 한다면 우리 미래의 상황은 감사가 넘칠 수밖에 없을 것입니다.
"감사로 제사를 드리는 자가 나를 영화롭게 하나니
그의 행위를 옳게 하는 자에게 내가 하나님의 구원을 보이리라"

(시편 50:23)

라파회복센터를 세우신 하나님

시리아로 보내시다

"그는 선지자 이사야를 통하여 말씀하신 자라 일렀으되
광야에 외치는 자의 소리가 있어 이르되 너희는 주의 길을 준비하라
그가 오실 길을 곧게 하라 하였느니라"(마태복음 3:3)

우리는 인류 역사 가운데 가장 놀라운 시기에 살고 있습니다. 예수님이 이 땅에 다시 오시기 위해서는 먼저 복음이 땅끝까지 전해져야 합니다.

우리가 살고 있는 지금 이 시기가 복음이 땅끝까지 전파되는 것이 곧 이루어지는 시기입니다.

성경은 언약의 책입니다.

언약의 관점에서 보면 구약은 메시아가 이 땅에 오신다는 것입니다. 메시아이신 예수님이 이 땅에 오심으로 구약의 언약이 이루어졌습니다.

신약을 통한 약속은 이 땅에 오셨던 예수님이 다시 오신다는 것입니다.

우리는 다시 오실 예수님을 기다리며 살아가고 있습니다. 구약의 언약이 이루어졌듯이 신약의 언약도 반드시 이루어

질 것입니다.

예수님은 반드시 다시 오십니다.

지금의 교회는 예수님의 재림을 준비하는 교회가 되어야 합니다.

제가 어느 집회에 참석했을 때의 일입니다.

모든 성도가 다 함께 기도하던 중에 "열방을 구하라"라는 감동을 주셨습니다.

저는 하나님께 열방보다는 하나님만을 더 알기 원하며 하나님께 더 가까이 가기 원한다고 말씀드렸습니다. 하지만 하나님은 다시 한번 저에게 "열방을 구하라"라는 감동을 주셨습니다. 그래서 저는 "하나님의 뜻이라면 열방을 구하겠습니다"라고 말씀드리며 열방을 구하는 기도를 드렸습니다.

그 기도가 끝나자마자 기도를 인도하셨던 강사 목사님이 "지금 하나님께 열방을 구한 분이 계시는데 하나님이 그분에게 열방을 주십니다"라고 선포하셨습니다.

당시 저는 선교에 조금도 관심이 없었습니다.

오로지 우리나라 교회가 회복되고 우리나라 국민 가운데 하나님을 안 믿는 영혼들이 하나님 안으로 들어오는 것에 관심이 있었습니다. 우리나라도 지금 급한데 다른 나라에까지 마음이 가지 않았기 때문입니다.

하지만 하나님을 따라가면 우리의 생각은 바뀔 수밖에 없습니다.

신년 집회에 참석한 첫날 하나님께서 찬양 가운데 많은 은혜를 주셨습니다. 그 은혜 가운데 하나님께 "하나님께 제 생명조차 아끼지 않고 다 드리겠습니다"라고 고백했습니다.

그런데 고백을 드리자마자 바로 "시리아로 가라"라는 감동을 주셨습니다.

한 번도 생각조차 해보지 않은 나라인 시리아로 가라는 감동에 밤에 집에 와서 시리아에 대해 검색해 봤습니다.

시리아는 우리나라와는 수교도 되지 않고 북한과 수교된 나라였습니다. 저에게는 위험한 나라로 느껴졌습니다.

다음 날 집회 가운데 강사 목사님이 찬양을 하셨는데 갑자기 "시리아"라고 말씀하십니다.

저는 깜짝 놀랐습니다. 어제 "시리아로 가라"라는 감동을 주셨는데 갑자기 강사 목사님이 "시리아"라고 외쳤기 때문입니다.

그때 저는 바로 "저 강사 목사님을 통하여 '시리아'라는 단어가 한 번 더 나오면 하나님께서 주시는 확증으로 알고 무조건 시리아로 가겠습니다"라고 기도했습니다.

그러자 하나님은 바로 확증을 주셨습니다.

강사 목사님이 20번이 넘게 "시리아~, 시리아~"라고 말씀하신 것입니다.

집회 셋째 날 외국에서 온 강사 목사님이 "고레스가 시리아부터 홍해까지 점령했다"라고 하시면서 시리아를 몇 번 반복하셨습니다.

하나님은 우리에게 반복해서 확증을 주시기도 합니다.

하나님의 음성이 들리면 단 한 번 생각조차 하지 않은 나라지만 하나님의 뜻으로 생각하니 갑자기 가고 싶은 마음이 생겼습니다. 그래서 하나님께 "시리아로 가는 것에 순종하겠습니다"라고 기도하고 미국에 사는 누나에게도 간증했습니다.

하나님께서 이 마음(순종)도 함께 주신 것이기에 우리에게는 자랑할 것이 아무것도 없습니다. 하나님께서 다 하십니다. 오직 하나님께만 영광을 돌려야 합니다.

얼마의 시간이 지난 후 오전에 예배를 드리는데 성령님께서 죽음의 영이 저를 노리고 있다는 감동을 주셨습니다. 그래서 예수님의 보혈의 능력과 그 이름의 권세로 죽음의 영을 쫓아냈습니다. 그리고 몇 시간 후에 미국에 살고 있는 누나한테서 전화가 왔습니다.

지금 한국 TV에는 방송되지 않지만 미국 TV에서는 시리아에서 하루에 백 명 이상씩 죽어가고 있다는 뉴스가 방송되고 있으니 지금은 위험하니 가지 말고 상황이 가라앉으면 그때 시리아로 가라'는 내용이었습니다.

누나의 말에 저는 '조금 전에 죽음의 영을 다 쫓아냈기 때문에 나는 안전하니 조금도 걱정할 필요가 없다'고 했습니다. 만약 그때 제가 시리아에 들어가지 않았다면 저는 지금까지도 시리아에 들어가지 못했을 것입니다. 왜냐하면 두세 달 뒤에 시리아에 계셨던 모든 선교사들이 추방됐고 아무도 들어갈 수 없는 땅이 되었기 때문입니다.

얼마 후 저는 시리아에 가서 직접 가정들을 방문해 복음을 전하면서 기도를 했습니다. 그중에 특별히 기억나는 가정이 있는데 그 가정은 집안에 약병이 아주 많았습니다. 이 집의 가장이 너무 많은 질병을 가지고 있었기 때문입니다.

저는 그분에게 그 많은 질병 가운데 가장 힘든 것이 무엇이냐고 물었습니다. 그분은 24시간 귀에서 소리가 들리는 이명이 가장 힘들다고 하셨습니다. 그래서 저는 그분에게 손을 얹고 이명이 사라지기를 바라는 기도를 했는데 주님께서 그 기도를 들으시고 응답해 주심으로 그분의 이명은 그 자리에서 완전히 사라졌습니다.

그러자 가장은 "아내가 갑상선암에 걸렸는데 수술비가 비싸서 엄두를 못 내고 있으니 아내를 위해서도 기도를 해달라"라고 부탁했습니다. 그래서 저는 아내의 목에 손을 얹고 기도했습니다. 그런데 기도를 받던 그의 아내가 갑상선암이 있는 목 부분이 불타는 것 같다고 하면서 우는 것이었습니다. 성령님께서 기도를 응답해 만져주셨습니다.

그날 그 가정에는 하나님의 사랑이 충만히 임하였고 동행한 한국의 사역자들도 함께 은혜를 받는 시간이 되었습니다.

시리아에는 내전 가운데서도 죽음을 무릅쓰고 교회를 지키는 현지 교회가 있었습니다. 하나님은 그 교회와 더불어 재정적으로 어려운 가정들을 1년 동안 도와주라는 감동을 주셨습니다. 하나님은 저를 시리아에 직접 보내서 그분들을 도울 수 있는 길을 마련하신 것입니다. 저를 시리아에 보내시고 하나님이 일하시는 것을 많이 볼 수 있게 해주신 하나님께 정말 감사드립니다.

"여호와의 인자하심과 인생에게 행하신 기적으로 말미암아
그를 찬송할지로다"(시편 107:8)

사도행전 3장 21절 말씀을 새벽 3시 21분에 말씀하시다

잠을 자다가 한밤중에 깼습니다.

잠에서 깨자마자 성령님이 저에게 감동을 주시며 많은 부분을 깨닫게 하셨습니다. 그중에 제가 예수님의 재림에 대해서 잘 못 알고 있다고 하셨습니다.

저는 복음이 땅끝까지 전파되면 예수님이 오신다고 생각했습니다. 하지만 성경 말씀에는 "…만물을 회복하실 때까지는 하늘이 마땅히 그를 받아 두리라"(사도행전 3:21)라고 나와 있습니다.

다시 말하면 만물이 회복되어야만 예수님이 재림하신다는 것입니다.

그렇다면 어떻게 만물이 회복됩니까?

범위를 축소시켜서 질문하면 어떻게 해야 도시가 회복됩니까?

도시가 회복되기 위해서는 그 도시에 사는 사람들이 먼저 회복되어야 합니다. 우리는 우리 스스로를 회복시킬 능력이 없습니다. 하나님만이 우리를 회복시키실 수 있습니다.

하나님의 임재가 충만하면 우리는 그 안에서 주님의 영으로 말미암아 회복됩니다.

우리가 구약을 보면 여호와(하나님)의 궤가 오벧에돔의 집에 석 달 동안 머물러 있을 때 하나님께서 오벧에돔과 그의 온 집안에 복을 내려주셨습니다.

여호와의 궤는 하나님의 임재를 상징합니다.

오래전에 비디오로 보았던 과테말라의 알모롱가의 변화

가 생각납니다.

기도를 통하여 그 도시 사람들 중 90여%가 예수님을 믿게 되고 술집들이 없어지고 땅도 축복을 받아 농작물이 2~3배씩 커진 것을 보여주는 내용이었습니다.

사실 우리나라 증도에서도 문준경 전도사님을 통하여 그 섬에 사는 사람들의 90%가 예수님을 믿게 되었습니다.

섬에 살고 있는 분들 이야기로는 문준경 전도사님을 만난 사람들은 변화될 수밖에 없었다고 합니다.

교회는 예수님의 몸이고 만물 안에서 만물을 충만하게 하시는 하나님의 충만함입니다.

"또 만물을 그의 발 아래에 복종하게 하시고
그를 만물 위에 교회의 머리로 삼으셨느니라
교회는 그의 몸이니 만물 안에서 만물을
충만하게 하시는 이의 충만함이니라"(에베소서 1:22-23)

우리 모두는 하나님의 성전입니다.

하나님은 성전에 하나님의 임재로 임하십니다.

예수님의 재림을 준비하기 위해서 교회인 우리들은 하나님의 임재로 충만해져야 합니다. 하나님의 임재로 충만해질 때 우리는 죄가 싫어집니다. 예수님은 신부인 우리와 혼인

잔치를 하려고 이 땅에 다시 오십니다.

요한일서 2장 13절에는 "하나님의 말씀이 우리 안에 거하여 악한 자를 이기는 자가 청년이다"라고 기록되어 있습니다. 악한 자는 죄의 왕인 사탄(마귀)를 뜻합니다. 사탄은 인간으로 하여금 죄를 짓게 해서 그들을 다스립니다.

마귀의 다스림 곧 '죄'는 주님의 도우심으로 이겨야 합니다. 하나님의 임재로 충만해져서 죄를 이기는 경건의 능력이 교회 안에 회복되어야 합니다.

예수님의 신부이자 교회인 우리가 하나님의 임재로 충만해질 때 여호와의 궤로 인한 오벧에돔의 축복이 각 도시마다 부어질 것입니다.

우리가 죄를 짓는 이유는 무엇일까요?

은혜가 부족하기 때문입니다. 우리가 변화되지 않는 이유 역시 은혜가 부족하기 때문입니다. 하나님의 놀라운 은혜가 역사할 때 어떠한 사람도 변화될 수 있습니다. 하나님의 임재가 분명히 나타날 때 하나님의 은혜는 더욱 충만하게 나타납니다. 예수님의 재림을 준비하기 위하여 우리는 하나님의 임재를 더욱 사모해야 합니다.

예수님이 재림하시기 위해서는 복음이 땅끝까지 전파되는 것과 함께 하나님의 임재 안에서 신부인 우리가 회복되어야 합니다.

하나님은 이러한 감동을 저에게 주시고 사도행전 3장 21절 말씀을 주시면서 '라파회복센터'를 세우라고 하셨습니다.

"하나님이 영원 전부터 거룩한 선지자들의 입을 통하여 말씀하신 바 만물을 회복하실 때까지는 하늘이 마땅히 그를 받아 두리라"

(사도행전 3:21)

이 모든 것을 깨닫게 하셨을 때 저는 갑자기 시간을 보고 싶다는 생각이 들었습니다.

시간을 보니 정확히 새벽 3시 21분이었습니다.

하나님은 사도행전 3장 21절 말씀을 시간으로 다시 한번 확증해 주신 것으로 믿었습니다.

라파회복센터는 이렇게 시작되었습니다.

기도 중에 하나님께서는 '라파회복센터'를 '서울의 동남쪽에 세우라'는 감동을 주셨습니다.

저는 지리를 잘 몰랐기 때문에 부동산 중개업을 하는 집사님께 "서울의 동남쪽이면 어디를 말하는 걸까요?"라고 물었습니다. 그랬더니 집사님은 경기도 '하남'을 지목하셨습니다. 하나님은 그 후에도 여러 가지 방법을 통해 '하남'이라는 감동을 반복해서 주셨고 서울에서 태어나서 서울에서만 살았던 저를 인도하셔서 하남에 '라파회복센터'를 세우게 하셨습니다.

어느 날. 하나님의 섭리 가운데 서울의 한 대형 교회 담임 목사님과 함께 식사를 하게 되었습니다. 이런저런 대화 가운데 자연스럽게 "하남에 '라파회복센터'를 세우라는 감동을 받았다"라는 이야기를 했습니다. 그랬더니 그 목사님이 깜짝 놀라면서 하나님이 하남에 복음 센터를 세우라는 감동을 주셔서 3년 동안 기도하고 있다고 말씀하셨습니다.

그동안 장로님 몇 분과 함께 건물을 사려고 하남에 가셨는데 그 일을 맡을 사람이 없어서 건물을 사지 못하셨다고 하셨습니다. 그런데 제가 그곳으로 간다고 하니 목사님이 그렇게 놀라셨던 것입니다.

저는 그렇게 되어 하남에서 살게 되었습니다.

지금 저에게는 하나님이 정해주신 하남이 제가 살기에 가장 잘 맞는 것 같습니다.

하나님은 우리를 너무 잘 알고 계십니다.

"여호와여 주께서 나를 살펴 보셨으므로 나를 아시나이다

주께서 내가 앉고 일어섬을 아시고 멀리서도 나의 생각을 밝히 아시오며

나의 모든 길과 내가 눕는 것을 살펴 보셨으므로

나의 모든 행위를 익히 아시오니 여호와여

내 혀의 말을 알지 못하시는 것이 하나도 없으시니이다"(시편 139:1-4)

하나님의 형상 회복

하나님은 우리가 어머니 배에서 나오기 전부터 우리를 향한 계획을 가지고 계십니다.

하나님은 우리를 구원하시고 우리의 부르심의 영역을 알게 하십니다.

신학대학원을 다닐 때 일입니다.

저희 신대원은 성경고사에 합격해야만 졸업을 할 수 있었습니다. 저는 하나님을 믿은 지 얼마 되지 않아 성경을 너무 모른다고 생각했기 때문에 다음 학기에 성경고사를 보려고 계획 중이었습니다. 그런데 신기하게도 성령님께서 제가 성경고사에 합격한 것을 보여주셨습니다. 또한 벽에 붙어 있는 합격자 명단에 제 이름과 앞사람, 뒷사람의 이름까지 함께 보여주셨습니다.

우리는 하나님께서 보여주시면 그 길을 따라가야 합니다.

그래서 저는 다음 학기에 시험을 보려던 계획을 내려놓고 이번 학기에 시험을 보기로 마음을 먹고 일주일 동안 독서실에서 열심히 성경을 공부했습니다.

그러던 어느 날 공부를 하다가 배가 고파서 식당에 추어탕을 먹으러 갔는데 벽에 광고 포스터 모델 사진이 붙어 있었습니다. 모델의 예쁜 외모를 보면서 마음도 예쁘면 좋겠다 생각하다가 옛날 유행가 가사가 떠올랐습니다.

'얼굴만 예쁘다고 여자냐 마음이 예뻐야 여자지.'

저는 이 노래 가사처럼 교회인 우리들의 속마음이 아름답고 깨끗하게 회복되어야 한다고 생각하며 밥을 먹었습니다.

그리고 난 후, 그 주에 주일 예배 때 하나님께 찬양을 드리는데 하나님께서 저에게 손을 내미시며 "신부를 거룩하고 흠이 없도록 하나님의 형상으로 회복시키자"라고 말씀하셨습니다. 지금 돌이켜 생각해 보면 식당에서의 생각도 하나님께서 주신 것 같습니다. 우리 안에 계신 성령님은 생각나게 하시는 분이십니다.

저는 스스로 많이 부족하다고 생각했기 때문에 "주님, 저는 할 수 없습니다"라고 말씀드렸습니다. 그러자 하나님께서는 제가 순종만 하면 하나님께서 다 회복시키실 것이라고 말씀하시며 다시 한번 저를 강권하셨습니다.

찬양이 끝나고 난 다음 목사님은 예레미야 1장 4절에서 9절 말씀을 전하셨습니다.

"여호와의 말씀이 내게 임하니라 이르시되

　내가 너를 모태에 짓기 전에 너를 알았고

　네가 배에서 나오기 전에 너를 성별하였고

　너를 여러 나라의 선지자로 세웠노라 하시기로

　내가 이르되 슬프도소이다 주 여호와여

　보소서 나는 아이라 말할 줄을 알지 못하나이다 하니

　여호와께서 내게 이르시되 너는 아이라 말하지 말고

내가 너를 누구에게 보내든지 너는 가며

내가 네게 무엇을 명령하든지 너는 말할지니라

너는 그들 때문에 두려워하지 말라

내가 너와 함께 하여 너를 구원하리라

나 여호와의 말이니라 하시고

<u>여호와께서 그 손을 내밀어 내 입에 대시며</u>

여호와께서 내게 이르시되 보라 내가 내 말을 네 입에 두었노라"

(예레미야 1:4-9)

저는 이 말씀의 실제를 찬양 가운데 먼저 만난 것입니다.

얼마 뒤에 참석한 비즈니스 집회에서 강사 목사님이 저에게 이렇게 기도해 주셨습니다.

"우리의 일터에 하나님의 임재를 모시고 다니면서 그 일터를 하나님을 기쁨으로 사랑하는 장소로 변화시켜 가십시오. 이제 사람들을 원래 하나님이 지으신 모습으로 회복시키십시오. 항상 그렇듯이 하나님의 관점에서 모든 것을 보시기 바랍니다."

이때부터 집회를 인도하는 주된 목적 중에 하나가 사람들을 하나님의 형상으로 회복시키는 것이 되었습니다.

아무도 들어갈 수 없는 땅, 시리아에 교회가 세워지다

기도 가운데 하나님께서 "라파회복센터를 '선교회'로 세우라"라는 감동을 주셨습니다.

그래서 선교회를 세우려고 준비하는 가운데 선교 활동을 한 내용과 사진이 있어야만 선교회를 세울 수 있다는 것을 알게 되었습니다. 만약 제가 시리아로 가라는 감동에 순종하지 못했다면 그때 저는 선교회를 세울 수 없었을 것입니다. 우리의 순종을 통하여 한 걸음, 한 걸음 인도하시는 하나님을 찬양합니다. 선교에 'ㅅ' 자에도 관심이 없었던 사람을 통하여 하나님은 선교회를 세우게 하신 것입니다.

저는 선교에 관심이 없었기 때문에 하나님을 앞서갈 수 없었습니다. 지금도 성령님께서 감동을 주시는 대로 따라가고 있을 뿐입니다.

처음에 하나님은 하나님의 통치 아래 하나님의 사람들을 만나게 하셔서 가정교회를 세우게 하셨습니다. 이스라엘 선교사님과 협력해서 이스라엘에 가정교회를 세우게 하시고, 미얀마 선교에 모든 걸 바치신 권사님을 통해 미얀마에 가정교회를 세우게 하셨습니다.

또한 구제 사역도 계속해서 인도하셨습니다.

지난번에는 이라크 난민을 돕기 위해 시리아로 가라고 하시더니 이번엔 시리아 난민을 돕기 위해 요르단으로 가라고 하셨습니다.

요르단의 겨울은 유난히 추웠습니다. 그래서 시리아의 난민 가정들을 돌아다니며 겨울을 따뜻하게 보내도록 가스난로를 사주었고 4개월 정도 난로를 켤 수 있도록 가스를 공급하며 복음을 전했습니다. 이 사역을 통하여 하나님은 하나님만이 하실 수 있는 일을 행하셨습니다.

시리아 난민들에게 가스난로를 공급하는 사역은 요르단에 계신 현지 선교사님들과 협력해 함께 진행했습니다.

저를 포함한 일행이 다시 한국으로 돌아가야 하는 시간이 되었을 때 난로 사역을 위해 한국에서 많은 분들이 재정으로 섬겨주신 덕분에 재정이 많이 남은 상태였습니다. 그래서 그 재정을 어떻게 해야 할지 하나님께 기도했습니다.

하나님께서는 남은 돈을 현지 선교사님들에게 다 드리라고 하셨습니다. 우리는 한국으로 돌아가지만 하나님께서는 시리아 난민들을 위한 난로 사역이 계속되기를 원하신 것입니다.

그런데 그 재정에서 놀라운 기적이 일어났습니다.

현지 선교사님들이 시리아에서 변호사로 일했던 한 가정에 가스난로를 공급했는데 이 변호사는 그동안 이곳 종교 단체를 몇 번이나 찾아가 도와달라고 했지만 번번이 거절당한 상태였습니다. 그런데 먼 한국에서 하나님이 도와주라고 말씀하셨다면서 자신들을 돕는 진정한 사랑을 경험한 이 변호사는 예수님을 믿기로 결단했고 그의 가족 모두 예수님을 믿게 되었습니다.

이후 요르단 정부의 핍박으로 점점 살기가 힘들어질 무렵 잠깐 시리아로 다시 들어갈 수 있는 길이 열렸을 때 이 가정은 시리아로 들어갔습니다. 그리고 친척들이 모인 자리에서 목숨을 걸고 이렇게 말했습니다.

"어려울 때 여러 종교 단체를 여러 번 찾아갔지만 계속 거절당했습니다. 하지만 하나님을 믿는 사람들이 한국에서 이곳까지 찾아와서 도와주었습니다. 그래서 나는 지금 예수님을 믿습니다."

그곳에서는 '명예 살인'이라는 것이 있습니다.

잘못하면 그 자리에서 친척들에 의해 죽을 수도 있습니다.

그런데 놀라운 기적이 일어났습니다.

이야기를 듣던 친척들이 "그렇다면 우리도 그 예수님을 믿겠다"라고 말하며 아무도 들어갈 수 없는 땅이 되어버린 시리아에 교회가 생기게 된 것입니다.

제가 시리아에 처음 가서 복음을 전했던 도시 가운데 한 곳이 D 지역이었는데 공교롭게도 요르단 난로 사역을 통하여 D 지역에 교회가 생긴 것입니다.

하나님 나라의 법칙인 씨를 뿌리고 열매 맺게 하시는 하나님의 섭리는 정말 놀랍습니다.

우리가 하나님을 알면 알수록 찬양을 드릴 수밖에 없습니다.

제가 한 것이라고는 하나님의 음성을 듣고 심부름한 것 외에는 아무것도 없습니다. 하지만 그 작은 섬김을 통하여 죽음을 각오하고 하나님을 믿는 참 교회가 시리아 땅에 생겼습니다. 우리가 이렇게 하나님께 쓰임 받을 수 있다는 것은 특권입니다.

하나님을 따라가는 것은 너무나 즐거운 일입니다.

하늘이 땅보다 높음같이 하나님의 생각은 우리의 생각과 다르기 때문에 하나님께서 어떤 일을 어떻게 행하실까 항상 기대가 됩니다. 허물투성이인 저를 하나님의 놀라운 통로로 사용해 주셔서 정말 감사합니다.

"이는 내 생각이 너희의 생각과 다르며 내 길은 너희의 길과 다름이니라 여호와의 말씀이니라 이는 하늘이 땅보다 높음 같이

내 길은 너희의 길보다 높으며

내 생각은 너희의 생각보다 높음이니라"(이사야 55:8-9)

R족들이 모여 사는 밀림에 교회를 세우시다

저희 선교회에서는 미얀마에 대한 선교 활동을 지속적으로 진행하고 있는데 미얀마 선교의 시작도 하나님이셨습니다.

지금으로부터 몇 년 전의 일입니다.

미국에서 오신 목사님과 식사를 하던 중에 목사님이 잘 알고 있는 선교 단체의 집회를 인도해 달라는 부탁을 받았습니다. 저는 이미 다른 일정들이 잡혀 있었기 때문에 토요일에 한 번만 집회를 인도하기로 하고 약속한 날 선교 단체에서 말씀을 전하는데 얼마 전 기도 중에 하나님께서 주신 감동을 나누라는 마음을 주셨습니다.

내용은 라파회복센터를 통해 미얀마에 교회를 계속해서 세우게 될 것이라는 것이었습니다. 그래서 저는 말씀이 다 끝나갈 무렵에 그 감동을 나눴습니다.

그런데 예배가 끝나고 한 분이 찾아오셨습니다.

오늘 집회에 누가 강사로 오는 지도 모르는 상태에서 성령의 강권하심으로 오게 됐다면서 본인은 미얀마 선교사인데 제가 마지막에 나눴던 감동이 하나님이 남편 선교사님에게 주셨던 감동과 같다고 말씀하셨습니다. 우리가 하나님의 주권 아래에서 하나님의 사람들을 만나게 되면 하나님께서 일하시는 것을 볼 수 있습니다.

저는 그렇게 미얀마 선교사님 부부와 인연을 맺게 되었습니다.

얼마 뒤 미국 시애틀 옆의 도시 벨링햄에서 집회를 인도하는데 하나님이 급하게 "미얀마를 들어가라"라고 하시는 것 같았습니다.

저는 한국에 들어오자마자 급하게 일정을 잡고 바로 미얀마로 들어가 얼마 전 하나님께서 연결해 주신 선교사님 부부를 만났습니다. 그리고 그분들로부터 R족 이야기를 듣게 되었습니다. R족 이야기를 듣는데 그들을 향한 하나님의 사랑과 긍휼이 부어져 저는 계속해서 울면서 그분들의 이야기를 들을 수밖에 없었습니다.

선교사님 부부는 미얀마에 교회뿐 아니라 신학교도 세워 섬기고 있었는데 그 학교 졸업생인 S 목사님은 R족들이 모여 사는 험악한 정글에 들어가서 복음 사역을 하고 계셨습니다.

S 목사님이 전하는 복음을 듣고 밀림 안에 사는 R족 중에 예수님을 믿는 사람들이 생겨났고 선교사님 부부는 그들이 하나님께 예배를 드릴 수 있는 교회 건물을 지을 수 있도록 계속 기도하셨습니다.

하나님은 저희 선교회를 통해 그곳에 빨리 교회를 세우기 원하셨기 때문에 먼저 선교사님 부부를 알게 하시고 또한 저를 급하게 미얀마로 보내셨던 것입니다.

하나님의 섭리 가운데 그 밀림 속에 드디어 교회가 세워졌고 지금도 매일 밤마다 소수의 R족들이 하나님을 향하여 예배드리고 있습니다. 미얀마 정부에서 R족을 핍박하고 있기 때문에 대부분의 사람들은 이 정글 안으로 들어갈 수가 없습니다. 하지만 하나님은 하나님의 방법으로 하나님의 일을 행하셨습니다.

R족 대부분은 예수님을 적대시합니다.
죽음을 각오하고 복음을 전하는 하나님의 사람들을 통하여 그들 안에서도 죽음의 위협을 무릅쓰고 예수님을 영접하는 숫자가 계속해서 늘어나고 있습니다. 우리는 이 놀라운 일에 기도와 재정으로 동참하고 있습니다.
지금도 하나님 나라는 계속 확장되고 있습니다.
계속해서 세례(침례) 받는 R족들이 늘어나고 있습니다.

짠 우물만 나오는 곳에서
맛있는 생수의 우물을 주시다

미얀마에 있으면서 K 선교사님을 알게 되었는데 그분으로부터 미얀마에 있는 여러 종족 중에 B족에게 복음을 전하는 것이 가장 힘들다는 이야기를 들었습니다.

미얀마의 B족은 미얀마를 대표하는 종족입니다.

S 지역에 있는 B족 마을에 선교사님 한 분이 들어가서 10년을 넘게 전도해 단 한 명 만을 예수님께로 인도했다고 하니 그들이 얼마나 복음을 적대시하는지 충분히 미루어 짐작할 수 있었습니다.

그 선교사님이 마을을 떠나면서 예수님을 영접한 한 명의 성도인 J 형제에게 신학교에 들어가라고 권하셨고 그 형제는 하나님의 섭리 가운데 선교사님 부부가 섬기는 신학교에서 공부를 하게 되었습니다. 남편 선교사님은 J 형제는 신학교 공부가 끝나면 항상 나무 밑에 가서 기도를 했다고 이야기했습니다. 하나님은 기도하는 사람들을 통해서 역사하십니다.

J 형제는 신학교를 졸업하고 다시 고향 마을로 돌아갔습니다. 그 마을은 바닷가 근처에 있었는데 우물을 파서 생활용수를 사용했습니다. J 형제 역시 우물물로 생활용수를 사용해야 하는데 그 마을에서는 이 형제가 예수님을 믿는다는 이유로 우물 사용을 못 하게 해서 J 형제는 멀리 다른 곳에 있는 우물물을 사용해야 했습니다. 그 마을의 우물은 대부분 절에서 소유하고 있었기 때문입니다.

J 형제는 소아마비를 심하게 앓아서 걸음을 걷는 것이 많이 불편한 상태였습니다. 그런데 어머니조차 이 형제가 예

수님을 믿는다는 이유로 심하게 핍박하였습니다.

하지만 우리 하나님은 이 마을에 놀라운 기적을 행하셨습니다. J 형제의 안타까운 소식을 들은 신학교에서 J 형제를 위해 우물을 파 줬는데 이 우물에서 생활용수로 사용할 정도가 아닌 마실 수 있는 식수가 나오게 된 것입니다. 이 마을은 바닷가 근처였기 때문에 대부분의 우물물은 생활용수로만 사용할 수 있었습니다.

그런데 신학교에서 판 우물에서 마실 수 있는 식수가 나온 것입니다. 이 소식을 들은 어떤 부자가 근처에 우물을 열 개나 팠지만 생활용수로 사용할 수 있는 짠물만 나왔다고 합니다.

이 기적으로 인하여 수많은 마을 사람들이 예수님을 믿게 되었고 J 형제를 그토록 핍박하던 어머니도 예수님을 영접해 지금은 J 형제의 가장 신실한 중보 기도자가 되었다고 합니다.

또한 J 형제가 근처에 있는 대학교에 가서 학생들에게 복음을 전하여 예수님을 영접하도록 했고 그 결실로 지금은 100여 명의 학생들이 함께 예배를 드린다는 이야기도 듣게 되었습니다.

저는 J 형제에 관한 이야기를 선교사님 부부에게 들으면서 하나님의 섭리에 또 한 번 크게 놀랐습니다.

예전에 미국에서 집회를 인도할 때 미얀마에 있는 신학교 졸업생들에게 전도의 전략으로 우물을 파주는 사역을 한다는 이야기를 들었습니다. 미얀마에서는 대부분 절이 우물을 소유하고 있는데 우물에 사람들이 많이 모이기 때문에 우물을 가지고 있으면 전도하는데 유리하다는 것이었습니다. 그래서 그때 저도 우물을 파는 사역에 동참했습니다. 그런데 알고 보니 그 헌금이 J 형제를 위한 우물 사역에 사용이 된 것입니다.

저는 미얀마 우물 사역에 관한 이야기를 미국 시애틀에서 듣고 거기서 헌금을 했고 선교사님 부부는 시애틀에서 안 목사님이 헌금하셨다며 우물 사역 헌금을 전달받았기에 당연히 미국 목사님이라고 생각한 것입니다. 저희는 하나님의 놀라우신 경륜에 한바탕 크게 웃었습니다.

이 무렵 J 형제는 예배를 드릴 장소가 마땅치 않아서 전도한 학생들과 함께 여러 강의실을 돌아다니며 숨어서 예배를 드리고 있었기에 학생들과 함께 교회를 짓게 해달라고 하나님께 기도를 드리는 중이었습니다. 그래서 저는 "하나님은 시작하신 일을 끝까지 이루시는 분입니다. 저희가 우물 파는 것을 섬기면서 시작된 일이니까 교회를 짓는 일도 저희가 하겠습니다"라고 말씀드리고 한국으로 돌아와 미얀마 S 지역에 교회를 세우는 일을 추진하였습니다.

이후 어려운 가운데서도 많은 분들이 섬겨주셔서 지금은 교회를 완공하고 그곳에서 J 형제와 100여 명의 학생들이 함께 예배를 드리고 있습니다.

그런데 이 과정에서 또 재미있는 일이 일어났습니다.

J 형제의 고향 마을에 판 우물에서 먹을 수 있는 생수가 나왔는데 교회를 세우고 나서 우물을 판 곳에서도 또 먹을 수 있는 생수가 나온 것입니다. 그뿐만 아니라 R족들이 사는 밀림에 세운 교회의 우물에서도 먹을 수 있는 생수가 나와서 교회를 핍박하던 그곳 종교인들조차 교회에 와서 자기들도 우물물을 마시게 해 달라고 한 것입니다.

이는 마치 "나의 주는 물은 그 속에서 영생하도록 솟아나는 샘물이 되리라"(요한복음 4:14)라는 말씀의 실제를 보여주시는 것 같았습니다. 그래서 우리는 S 지역에 세운 교회 이름을 '샘솟는 교회'라고 지었습니다. 선교사님 부부는 대학생들이 해마다 100여 명씩 모여 하나님께 예배드리고, 그들이 졸업해서 전국 각지로 흩어져 예수님의 증인이 되는 이 일들은 미얀마 선교 역사에도 길이 남을 놀라운 일이라고 말씀하시며 감격하셨습니다.

저희를 이 일에 동참하게 해주신 하나님께 감사드립니다. 사실 저희가 한 일은 하나도 없습니다. 처음부터 모든 것을 주관하시며 인도하신 하나님께서 다 하신 것입니다. 놀라우신 하나님을 찬양합니다.

"너희는 이제 가만히 서서 여호와께서 너희 목전에서 행하시는
이 큰 일을 보라"(사무엘상 12:16)

말씀대로 교회를 계속 세우시다

샤가인에서 차로 7시간 이상을 달려 도착한 인레호수에서 다시 배를 타고 1시간 30분을 더 들어간 곳에서도 예수님을 믿는 사람들을 만났습니다. 이렇게 외진 곳에도 하나님께 찬양을 드리는 하나님의 자녀들이 있다는 것이 참 감동적이었습니다. 이분들은 원래 살던 마을에서 예수님을 믿는다는 이유로 쫓겨나서 더 외진 곳으로 들어온 것이었습니다.

하지만 하나님의 방법은 놀라웠습니다.

이 외진 곳에 공항으로 가는 길이 생겨나면서 오히려 집값이 오른 것입니다.

물 위에 집을 짓고 평생 물 위에서 살아가는 이 마을에는 전도자가 있어서 예수님을 믿는 사람들이 지금도 계속해서 늘어나고 있습니다. 하나님은 한국에 있는 저를 이곳까지 부르셔서 이곳에 또 교회를 짓게 하셨습니다. 선교의 'ㅅ' 자에도 관심이 없던 저를 부르셔서 계속 하나님의 선교의

통로로 사용해 주심을 다시 한번 감사드립니다.

우리 모두는 하나님으로 말미암아 계속해서 변화될 수밖에 없는 사람들입니다.

하나님은 얼마 전에는 미얀마의 수도 양곤과 가까운 지역으로 어려운 사람들이 모여 사는 빈민촌에 또 교회를 짓게 하셨습니다.

이곳에는 원래 교회가 있었습니다.

그런데 교회가 오래되고 낙후돼서 동네 개들이 점거해 버렸습니다. 지금 이곳은 새롭게 교회를 짓고 하나님께 예배를 드리고 있습니다. 이 교회의 특징은 어린이가 많다는 것입니다. 이 아이들이 자라서 하나님의 나라를 위해 어떠한 일들을 하게 될지 벌써부터 기대가 됩니다.

하나님께서는 미얀마에 계신 선교사님 부부를 만나게 하시고 이분들을 통해 지금도 계속해서 교회를 세우고 계십니다. 저희 선교회도 재정이 넉넉하지 못하지만 이곳에 교회를 세울 때마다 하나님은 놀랍게 역사하셔서 재정을 계속 채워주고 계십니다.

하나님께서는 계획을 세우시고 그 계획에 사용할 자들을 부르십니다. 우리가 그 부르심에 순종하여 한 걸음, 한 걸음 나아갈 때 우리는 하나님의 계획을, 하나님께서 이루시는 것을 보게 될 것입니다.

성경에서도 동일한 패턴이 나타납니다.

이스라엘 백성들을 애굽에서 탈출시킬 계획을 하나님이 먼저 세우셨습니다.

그리고 난 후, 그 계획에 사용하실 모세를 부르신 것입니다. 하나님은 처음부터 이스라엘 백성들을 출애굽 시키는데 모세의 능력은 필요로 하지 않으셨습니다. 오직 하나님의 능력, 하나님의 자원으로 이스라엘 백성들을 출애굽 시키신 것입니다. 모세는 단지 부르심에 순종했습니다. 하지만 그 순종을 통하여 하나님께서 일하시는 것을 생생히 목격했습니다. 하나님은 지금도 동일하게 우리를 부르십니다. 그 부르심을 이루실 분도 하나님이십니다.

우리는 단지 모세와 같이 부르심에 순종하면 됩니다.

그러면 그다음 단계는 하나님의 일하심을 보게 됩니다. 부르심 안에는 이미 그 부르심을 이루실 하나님의 능력이 예비되어 있습니다.

하나님을 믿으십시오.

하나님께서 이루실 것입니다.

단지 우리가 할 일은 그 하나님을 믿고 순종하는 것입니다. 순종이 큰 복입니다.

"만일 그들이 순종하여 섬기면 형통한 날을 보내며

즐거운 해를 지낼 것이요"(욥기 36:11)

저희 라파회복센터는 매주 하나님의 임재를 사모하는 분들, 하나님께 더 가까이 나아가고 싶은 분들, 회복과 치유가 필요하신 분들이 함께 모여서 하나님께 예배하고 있습니다.

예배 가운데 우리를 조금씩 하나님의 형상으로 하나님께서 친히 회복시키실 것입니다.

3장

연약함을 도우시고
치유하시는 하나님

우리의 연약한 것을 친히 담당하시고

하나님은 저를 다른 종교의 책을 통해서 부르셨습니다.

그때 하나님을 믿어야겠다는 강한 마음을 주셨습니다.
'하나님을 믿는다는 것'은 '하나님께서 하신 말씀을 믿는
것'입니다.

하나님을 믿어야겠다는 마음은 주셨지만 아직 믿음은 갖
지 못했습니다.

저는 너무나도 말씀을 믿고 싶었습니다. 하지만 도무지
말씀이 믿어지지 않았습니다.

말씀을 믿기 위하여 정독도 하고 묵상도 해보고, 암송까
지 했지만 말씀이 전혀 믿어지지 않았습니다. 하나님의 말

씀을 믿기 위해 수개월을 몸부림쳤습니다.

하지만 제 안에 말씀에 대한 믿음이 하나도 없다는 것만 알게 되었습니다. 말씀을 단순하게 믿는 사람들을 보면 너무나 부러웠습니다.

하나님의 말씀을 믿기 위해 수개월을 몸부림치던 어느 날 갑자기 말씀이 믿어졌습니다.

어떤 특별한 영적 경험을 한 것도 아니었는데 그냥 믿어지기 시작했습니다. 이 경험을 통해 믿음은 우리 안에 있는 것이 아니라는 사실을 깨달았습니다.

믿음은 밖에서 우리에게 주어지는 것입니다.

즉 믿음은 하나님이 주시는 선물입니다.

말씀이 믿어지기 시작할 때 비로소 하나님께 이런 기도를 드렸습니다.

"하나님, 말씀으로 세상이 지어진 것을 이젠 믿습니다."

"믿음으로 모든 세계가 하나님의 말씀으로 지어진 줄을 우리가 아나니 보이는 것은 나타난 것으로 말미암아 된 것이 아니니라"(히브리서 11:3)

기도를 하자마자 하나님은 사랑이 가득한 음성으로 말씀하셨습니다.

"그 말을 믿기가 그렇게 어려웠니?"

불신앙은 분명히 죄악이지만 저를 꾸짖지 않으셨습니다.

저는 믿음에 있어서는 무력했습니다. 하지만 하나님은 그

무력함을 친히 담당해 주셔서 저를 믿음이 있는 자로 바꾸셨습니다.

"…우리의 연약한 것을 친히 담당하시고…"(마태복음 8:17)

하나님은 우리의 나약한 부분을 친히 담당하셔서 도와주십니다.

믿음이 있어야 구원을 받고, 기도 응답을 받으며, 예수 이름의 권세를 사용할 수 있습니다. 저에겐 믿음이 전혀 없었기 때문에 기도를 통하여 응답받고, 하나님의 구원의 역사를 체험하며, 귀신을 쫓아낼 수 있었던 모든 것이 다 하나님의 은혜였음을 고백할 수밖에 없습니다.

우리의 그 어떤 연약한 것도 하나님은 친히 담당해 주시기를 원하십니다. 연약함을 스스로 바꾸려고 하지 마시고 하나님이 친히 담당하시도록 하나님께 가지고 나아가십시오. 우리의 연약함을 고백하고 도와달라고 기도하면 하나님이 친히 담당해 주실 것입니다.

우리는 살아가면서 연약함을 계속 체험할 수밖에 없습니다. 그때 이 말씀을 붙잡으세요.

"우리의 연약한 것을 친히 담당하시고…."

이 말씀은 반드시 역사할 것이고 그때 우리는 찬양 가사를 깨닫게 될 것입니다.

"약할 때 강함되시네 나의 보배가 되신 주…"

우리는 살아가면서 하면 안 된다는 것을 알면서도 종종 그것을 하고 있는 스스로를 보게 됩니다. 마음속으로는 분명히 알고 있지만 마치 무언가에 끌려가는 것처럼 또다시 반복적으로 하고 있는 나를 볼 때 이제는 달라지기 원하고 그것을 이기기 원하게 됩니다.

그럼에도 불구하고 또 실패하는 나를 보게 될 때 우리는 실망하고 낙담하게 됩니다.

'내가 이렇게 해서 과연 하나님의 부르심을 이룰 수 있을까?'

저는 어릴 때부터 무협만화를 좋아했습니다.

하지만 어른이 되어서는 자연스럽게 흥미를 잃었습니다. 그런데 고난 가운데 하나님을 믿게 되고 우연한 계기로 다시 조금씩 보게 됐습니다.

제가 외부에서 3~4일 정도 집회를 인도하고 집으로 돌아오면 제 안에 있는 모든 것이 다 빠져나간 느낌이 듭니다. 공허한 저를 보상해 주기 위해서 그 다음날은 하루 종일 무협만화를 보면서 쉬었습니다. 평상시에는 보지 않았지만 집회를 인도하고 난 다음날은 집중적으로 봤습니다.

이성적으로는 이러면 안 된다는 것을 알고 있었습니다. 집회가 끝나고 공허한 상태에서 더 하나님께 나아가서 하나님으로부터 채움 받고 회복하는 시간을 가져야 한다는 것을 잘 알고 있었습니다.

하지만 현실은 달랐습니다. 하나님께 나아가기보다는 무협만화를 보는 것을 선택했습니다. 하나님께서 몇 번을 더 이상 지금처럼 행동하면 안 된다는 마음을 주셨습니다. 무협만화를 보지 말라는 감동까지 주셨습니다.

제가 다른 것은 잘 순종했는데 이상하게 이 부분은 계속 순종하지 못했습니다. 어른이 되고, 목사가 되어서 이런 행동을 계속 반복한다는 것이 너무나 한심스럽게 느껴졌습니다.

'다음엔 꼭 하나님께 나아가야지.'

몇 번이나 다짐했지만 계속 실패했습니다.

그러던 어느 날이었습니다.

이때도 3일 동안 집회를 인도한 다음 여지없이 또 무협만화를 보려고 했습니다. 그런데 그날은 보면 안 될 것 같은 강한 마음이 들었습니다.

하나님께 크게 혼날 것 같았습니다. 하지만 그렇게 하나님이 경고를 주셨음에도 불구하고 저는 또 무협만화를 보기 시작했습니다. 정말 구제불능이었습니다. 중독의 무서움을 체험하고 있었습니다. 오늘은 무슨 일이 일어날 것 같다는 두려운 마음 가운데에서도 만화를 보고 있었습니다.

그때 제 머리에서부터 발끝까지 하나님의 불이 내려오는 듯했습니다. 성령의 불 가운데서 하나님의 사랑을 느끼면서 울다가 또 성령님이 주시는 기쁨으로 인하여 웃었습니다. 다른 사람이 보면 미친 것처럼 보였을 것입니다. 하나님의 불 가운데 울다가 웃다가를 반복했습니다. 그리고 그날 이후로 무협만화를 보지 않게 되었습니다.

"내 사랑하는 자의 목소리로구나

보라 그가 산에서 달리고 작은 산을 빨리 넘어오는구나"(아가 2:8)

하나님은 우리를 너무나 사랑하십니다. 그래서 하나님은 항상 우리와 친밀한 교제를 나누길 원하십니다. 하나님과 우리 사이의 친밀한 교제를 가로막고 있는 것이 산입니다.

산에는 우리의 불순종, 죄, 우리가 처한 여러 가지 문제들이 해당됩니다. 하지만 하나님은 우리를 너무나 사랑하시기 때문에 문제들을 넘어서 우리에게 다가오십니다. 하나님이 친히 우리에게 오셨기 때문에 더 이상 하나님과 우리 사이에 산은 존재하지 않습니다.

하나님의 사랑 안에서 평강의 하나님이 친히 우리를 온전케 하십니다.

인간은 하나님 안에서 살도록 지음 받았습니다.

하나님은 사랑이십니다. 즉 인간은 사랑 안에서 살도록 창조되었습니다. 우리에게 사랑이 부족할 때 많은 경우 그 결핍이 중독으로 나타납니다. 자꾸 잘못된 것으로 채우려고 하는 것입니다.

저도 그랬습니다.

제 자신은 하나님의 사랑이 부족하다고 느끼지 못했습니다. 하지만 하나님의 사랑이 제 마음에 충만하게 부어졌을 때 무협만화를 보는 잘못된 행동이 끊어졌습니다.

우리와 하나님 사이에는 여전히 여러 가지 산이 존재하고 있습니다. 하지만 그 어떤 산보다 하나님의 사랑이 훨씬 큽니다.

혹시 어떤 산이 있으십니까? 자신의 힘으로 해결되지 않는 그 산들을 하나님은 뛰어넘어 우리에게 오실 것입니다. 오셔서 하나님의 사랑을 넘치도록 부으셔서 우리를 온전케 하실 것입니다. 우리의 연약함을 친히 담당하시고 산들을 뛰어 넘어오시는 그 하나님을 바라보십시오.

"… 우리의 연약한 것을 친히 담당하시고…"(마태복음 8:17)

"내 사랑하는 자의 목소리로구나

보라 그가 산에서 달리고 작은 산을 빨리 넘어오는구나"(아가 2:8)

이 말씀을 꼭 붙잡으시면 반드시 이 말씀대로 역사하실 것입니다.

저는 하나님을 믿으면서도 '절대 목사는 되지 말아야지' 라고 속으로 생각했습니다.

제가 도저히 감당하지 못할 부르심이라고 생각했습니다. 더 솔직히 말하자면 고생하기가 싫었습니다.

하루는 제 아들에게 문제가 있어서 기도를 하는데 "신학을 하라"라는 음성이 들렸습니다. 그래서 담임 목사님을 찾아가서 말씀드렸습니다. 그리고 저는 절대 목사는 되기 싫다는 제 의견까지 피력했습니다. 담임 목사님은 "신학을 한다고 해서 다 목사가 되는 것은 아니니 일단은 신학을 하라고 말씀하신 부분까지 순종하세요"라고 말씀하셨습니다.

그리고 아들 문제를 놓고 기도하다가 신학을 하라고 하셨기 때문에 '아들 문제를 해결해 주시면 신학을 하겠습니다' 라고 기도하라고 하셨습니다. 담임 목사님의 말씀대로 기도했더니 바로 아들 문제가 해결되어서 신학을 하게 되었습니다.

하나님은 이렇게 저를 한 걸음, 한 걸음 목사의 길로 인도하셨습니다.

신대원을 졸업한 후 하나님이 목사 안수를 받으라는 감동을 계속해서 주셨습니다. 하지만 저는 목사가 되는 것이 너무 싫고 부담스러웠습니다. 그런 저를 하나님은 강압적으로 인도하지 않으시고 친구로서 대하며 끊임없이 설득하셨습니다.

예를 들면 제가 '40대에 목사로서 새 삶을 시작하기에는 제 나이가 많습니다'라고 핑계를 대면 하나님은 사람을 보내서 설득하셨습니다.

저희 병원은 항상 환자가 많았는데 그날은 신기하게도 오전 9시부터 1시간 동안 환자가 1명 있었습니다. 제가 물어보지도 않았는데 그 환자는 자기 사위가 50살이 넘어서 의사를 포기하고 뉴질랜드로 목회를 간다고 이야기했습니다.

하나님은 우리를 친구로 대하십니다.

그래서 시간이 걸려도 끊임없이 설득하시면서 우리의 자유 의지를 가지고 하나님 계획에 동의하며 함께 가기를 원하십니다. 저도 결국 하나님께 설득되어 목사의 길을 가게 되었습니다.

하나님은 저보다 저를 더 잘 아시는 분입니다.

우리를 가장 좋은 길로, 가장 완전한 길로 이끄십니다. 당시에는 목사 되는 것이 그렇게 싫었지만 지금은 목사로서 살아가는 게 가장 행복하고 너무 좋습니다.

하나님은 가끔 우리가 싫어하는 십자가의 길로 우리를 인도하십니다. 십자가의 길은 인간의 관점으로는 수치스럽고 실패, 패배를 경험하는 길 같아 보입니다. 또한 고난의 길이며 축복과 멀어지는 길 같아 보입니다.

하지만 우리가 고난 가운데 있을 때 하나님은 우리가 말씀을 의지하는 법을 배우기 원하십니다. 말씀만이 우리의 유일한 소망이 되기를 원하십니다. 말씀을 통하여 하나님의 관점을 배우기를 원하십니다.

우리가 하나님의 관점으로 보기 시작할 때 모든 것이 변화되기 시작합니다. 십자가의 길을 하나님의 관점으로 보면 존귀함을 받고 승리, 축복을 경험하는 가장 좋은 길입니다.

십자가의 길에는 하나님의 반전이 있습니다.

하나님의 반전을 경험하기 위해서는 반드시 말씀을 통해 환경을 보는 하나님의 관점을 가져야 합니다.

이스라엘 군인들은 거인 골리앗 앞에서 벌벌 떨었습니다.

인간의 관점에서 보면 전쟁은 우리에게 속해 있는 것입니다. 우리가 가진 힘으로 거대한 골리앗과 싸워야 하기에 그 앞에 두려움으로 떨 수밖에 없었습니다. 하지만 17살 소년 다윗은 하나님의 관점으로 골리앗 앞에 나아갑니다.

'전쟁은 하나님께 속했다'는 것입니다.

하나님의 이름, 하나님의 능력으로 싸우기에 거인 골리앗은 아무것도 아니라는 것입니다.

"…전쟁은 여호와께 속한 것인즉 그가 너희를 우리 손에 넘기시리라"

(사무엘상 17:47)

하나님은 다윗을 통하여 골리앗을 쓰러뜨립니다. 하나님은 하나님의 관점을 가진 사람을 통하여 역사하십니다.

하나님은 우리 모두가 하나님의 관점을 더 많이 가지기를 원하십니다. 그래서 고난을 허락하십니다.

고난 가운데 우리는 반드시 말씀을 배워야 합니다.

말씀을 내 것으로 만들어야 합니다. 인간의 관점을 내려놓고 하나님의 관점을 더 많이 가질수록 하나님은 우리 삶에 더 많이 역사하실 것입니다. 그래서 말씀을 가지고 기도하는 것이 너무나 중요합니다.

우리가 말씀을 가지고 계속 기도할 때 우리 자신도 모르게 점점 하나님의 관점을 가지게 됩니다. 영적인 원리 가운데 하나는 하나님은 하나님의 관점을 가진 사람을 통해 반복적으로 역사하신다는 것입니다.

인간의 상실은 하나님의 채워주심의 새로운 시작이다

컵에 물이 들어 있습니다.

물이 들어있는 컵에 포도주를 채우기 위해서는 어떻게 해야 할까요? 먼저 물을 비워야 합니다. 그렇습니다. 새로운 것을 채우기 위해서는 먼저 비워내야 합니다. 즉 비움은 채움의 시작입니다. 하지만 우리 모두는 채우는 데에만 관심이 있습니다. 하나님께 더 많은 축복을 받기를 원합니다.

우리는 이 세상을 살아가면서 건강의 축복, 물질의 축복, 관계의 축복 등 더 많이 받기 위하여 기도합니다. 하지만 하나님의 것을 더 많이 받기 위해서는 인간의 것을 먼저 비워내야 합니다. 즉 채우기 위해서는 먼저 비워야 하는데 우리는 비움에는 별로 관심이 없습니다. 그래서 하나님은 우리 삶에 상실을 허락하십니다. 상실은 비워내는 과정입니다.

"너희 염려를 다 주께 맡기라

이는 그가 너희를 돌보심이라"(베드로전서 5:7)

인간의 상실은 하나님의 채움의 새로운 시작입니다.

건강의 상실, 재정의 상실, 일자리의 상실, 관계의 상실 가운데 우리는 염려하게 됩니다. 예를 들면 갑자기 직장을 잃게 되고 수중에 돈이 없을 때 우리는 카드 결제 대금이나 월세를 염려하게 됩니다. 하지만 우리에게 무언가를 염려하게 만드는 곳, 바로 그 장소(상황)가 하나님의 채움의 시작입니다.

우리는 상실의 자리에서 염려하게 됩니다.
하지만 하나님은 우리에게 염려하지 말고 그 염려를 다 하나님께 맡기라고 말씀하십니다. 염려할 수밖에 없는 그 상황에서 하나님은 우리를 돌봐주신다는 것입니다. 하나님은 우리의 부족한 것들을 채워주십니다.

우리는 이 땅에서 살아가면서 여러 가지 상실을 경험하게 됩니다. 그 상실의 과정에서 슬픔과 분노와 염려, 불안, 미움, 답답함 등 여러 가지 감정을 갖게 됩니다. 이때 우리가 꼭 알아야 할 것은 그 감정들은 내가 아니라는 것입니다. 우리가 매일매일 옷을 입고 살아가지만 그 옷은 내가 아닙니다. 마찬가지로 우리는 그날그날 감정들을 경험하는 것입니다.

그 감정과 나를 동일시해서는 안 됩니다.
예를 들면 홍길동이 슬픔을 경험한다고 홍길동이 슬픔의 사람은 아니라는 것입니다. 홍길동이 분노의 감정을 가지고 있다고 분노의 사람이 아니라는 것입니다. 단지 그 감정들은 스쳐 지나가는 것들입니다.

저는 부정적인 감정들을 인정하지 않았습니다. 그래서 부정적인 감정들이 들 때마다 예수 이름의 권세로 제 마음에서 내쫓았습니다. 이 방법도 어느 정도 효과는 있었습니다. 하지만 하나님께서 더 강력한 방법을 알려주셨습니다. 부정적인 감정들을 인정하지 않을 때 그 감정들은 더 어둠 속으로 숨을 수 있습니다. 그래서 먼저 부정적인 감정들을 있는 그대로 인정해야 합니다. 즉 빛 가운데로 가져오는 것입니다. 그리고 그 감정을 하나님께 가지고 나아가는 것입니다.

이 방법을 몰랐을 때는 부정적인 감정을 빨리 없애려고 했습니다. 그리고 그러한 감정들을 인정하지 않고 자꾸 억압하려 했습니다. 그렇게 할 때에는 항상 제가 주체가 되어야 했기 때문에 효과도 탁월하지 않고 피곤했습니다.

하지만 지금은 어떤 상실을 경험할 때 가장 먼저 제 내면을 조용히 바라봅니다. 그리고 내 안에서 느껴지는 감정을 인정하며 하나님께 나아갑니다.

예를 들면 슬픔, 우울의 감정을 인정하고 하나님께 맡길 때 그 감정들이 사라지는 것을 경험합니다. 그리고 그 감정들이 사라진 마음에 감사가 올라오고 또한 하나님이 채워주시는 평안이 가득해짐을 느낍니다.

우리는 힘들 때 자꾸만 외부에서 힘을 얻으려고 합니다. 그러나 우리 마음 안에 하나님이 계시므로 우리 내면에서 올라오는 힘이 가장 강력합니다. 하지만 우리 내면에 있는 여러 가지 부정적인 감정들이 하나님을 보지 못하도록 방해합니다.

그래서 우리는 이런 감정들을 처리하는 법을 배워야 합니다. 이 감정들은 우리가 처리하지 못합니다. 먼저 이 감정들을 긍정적인 감정들로 바꾸려고 하는 시도부터 내려놓아야 합니다. 우리는 할 수 없습니다.

우리가 처리하지 못하는 감정들을 하나님은 넉넉히 처리하실 수 있습니다. 감정들을 하나님께 맡기는 법을 배워 맡기기 시작하니 정말 놀라운 자유를 경험하게 되었습니다. 또한 마음이 깃털처럼 가벼워지는 것을 느꼈습니다.

마음을 가끔씩 들여다보십시오.

어떤 감정이 느껴질 때 먼저 그 감정을 그대로 인정하십시오. 가만히 그 감정을 인정하고 들여다보는 행동이 빛 가운데로 가져오는 것입니다. 그리고 나서 그 감정들을 하나님께 맡기면 됩니다. 그러면 하나님의 돌보심을 경험하게 됩니다.

사실 하나님의 관점에서 보면 우리가 겪는 상실, 염려, 어려움 등은 하나님의 돌보심을 경험하는 재료들일 뿐입니다. 이 사실을 깊게 깨닫게 될 때 우리는 상실 가운데서도 감사할 수 있습니다. 왜냐하면 상실은 상실로만 끝나는 것이 아니라 하나님의 돌봐주심, 즉 채워주심으로 우리를 인도하기 때문입니다.

　하나님의 돌봐주심을 우리는 어떻게 확신할 수 있을까요? 우리를 세상에서 가장 사랑하시는 하나님의 놀라운 사랑을 믿는 것입니다. 우리가 그 사랑을 믿을 때 우리는 또한 어떤 어려운 환경 가운데서도 하나님의 돌봐주심을 확신할 수 있습니다.

　하나님은 우리를 얼마큼 사랑하실까요?

"아버지께서 나를 사랑하신 것 같이 나도 너희를 사랑하였으니
　나의 사랑 안에 거하라"(요한복음 15:9)

　이 말씀은 너무나 놀라운 말씀입니다.
　사랑에는 크기와 강도가 있습니다. 성부 하나님께서는 이 세상에서 예수님을 가장 크게 사랑하시고 가장 강하게 사랑하십니다. 그런데 성부 하나님께서 예수님을 사랑하시는 동일한 강도와 동일한 크기로 예수님이 우리를 사랑하신다는 것입니다.

"아버지께서 나를 보내신 것과 또 나를 사랑하심 같이
　그들도 사랑하신 것을 세상으로 알게 하려 함이로소이다"

(요한복음 17:23)

성부 하나님이 예수님을 사랑하신 것처럼 똑같이 우리도 사랑하십니다.

저는 요한복음 15장 9절과 17장 23절을 매일매일 묵상했습니다. 먼저 말씀을 통하여 하나님의 크신 사랑을 머리(지식)로 알았습니다. 그리고 그 말씀을 제 것으로 만들기 위해서 매일매일 선포했습니다.
"성부 하나님이 예수님을 사랑하신 것과 똑같은 강도로 예수님과 성부 하나님이 나를 사랑하신다"
말씀을 선포한지 한 달이 넘었을 때 이 말씀이 가슴으로 내려왔습니다. 놀라운 사랑이 부어지면서 그 사랑 안에서 계속 울 수밖에 없었습니다. 그 사랑을 머리로 믿는 것이 아닌 마음으로 알게 되었습니다.

미국에서 언어학을 공부하고 복음이 전해진 종족에게 성경을 번역해 주시는 목사님이 오셨습니다. 그 목사님이 하나님의 사랑에 대해서 강의하실 때 저도 참석했습니다.
그때 정말 감동스러웠던 가르침이 있었습니다.
그 목사님이 성경은 여러 가지 언어로 되어있는데 구약은 히브리어로, 신약은 헬라어와 아람어로 되어 있다고 하셨습니다. 예수님이 십자가에서 마지막으로 돌아가실 때 "다 이루었다"라고 말씀하신 부분은 아람어로 되어있습니다.

"예수께서 신 포도주를 받으신 후에 이르시되 다 이루었다 하시고
머리를 숙이니 영혼이 떠나가시니라"(요한복음 19:30)

예수님이 우리를 죄에서 구원하시려고 십자가를 지시고
죽으시기 직전에 마지막에 하신 말씀이 "다 이루었다"입니다.
"다 이루었다"를 아람어로 "칼라"라고 발음합니다.

이 단어에는 두 가지 뜻이 있습니다.
● 첫 번째 뜻은 우리가 잘 알고 있는 '완성'의 뜻입니다.
우리말 성경에도 첫 번째 완성의 뜻을 "다 이루었다"라고 번
역했습니다.
● 두 번째 뜻은 '신부'라는 뜻입니다.
예수님께서 십자가에서 구속 사역을 다 이루시고 마지막
으로 신부인 우리를 부르신 것입니다.
우리는 성경을 지식적으로 이해하는 것도 중요하지만 말
씀이 체험적으로 내 것이 되는 것 또한 중요합니다.

저는 하나님의 은혜 가운데 이스라엘에 가게 되었습니다.
처음 성지순례를 간 것이기에 예수님이 걸어 다니셨던 그곳
에 제가 있다는 사실만으로도 참 좋았습니다.
저희가 마가다락방에 있을 때 팔레스타인 중보자들이 그

곳에 있었습니다. 그분들은 한국의 연세어학당에서 한국어를 배워서 한국말을 잘 했는데 한국인인 우리를 무척 반갑게 맞아주었습니다. 그리고 그분들이 갑자기 찬양을 부르기 시작했습니다.

그때 하나님의 임재가 강하게 임하기 시작하셨습니다.
갑자기 예수님이 십자가에 매달리신 상태에서 저를 보시면서 "재홍아"라고 부르시는 것 같았습니다.
이때 저는 "다 이루었다"라는 아람어 칼라의 두 번째 뜻 "신부여"를 경험하게 되었습니다. 너무나 강력한 사랑 안에서 세 시간 정도 계속 울었습니다.

이때 이후로 저는 하나님이 저를 너무나 사랑하신다는 확신 가운데 살아가고 있습니다. 하나님의 사랑은 우리를 계속 변화시킵니다. 또한 그 사랑을 맛본 사람들은 그 사랑을 흘려보내는 통로로 쓰임 받습니다. 하나님은 우리를 너무나 사랑하셔서 끝까지 책임져 주시고 돌봐주십니다.

하나님은 십자가에서 다 이루신 것을 우리가 누리길 원하십니다. 우리는 상실을 경험할 때 염려하게 됩니다. 하지만 이때 하나님은 우리를 돌봐주십니다. 그 돌봐주심은 하나님의 채워주심으로 나타납니다.

"너희 염려를 다 주께 맡기라 이는 그가 너희를 돌보심이라"

(베드로전서 5:7)

이 말씀은 이렇게 풀어쓸 수 있습니다.

"인간의 상실은 하나님의 채워주심의 새로운 시작이다."

병든 사람에게 손을 없은즉 나으리라

맨 처음 기도를 통해서 질병이 치유된 것을 경험한 곳은 병원이었습니다.

저는 성경 마가복음 16장 17, 18절 말씀 "믿는 자들에게는 이런 표적이 따르리니 곧 그들이 내 이름으로 귀신을 쫓아내며 새 방언을 말하며 뱀을 집어 올리며 무슨 독을 마실지라도 해를 받지 아니하며 병든 사람에게 손을 없은즉 나으리라 하시더라" 중에 "병든 사람에게 손을 없은즉 나으리라"라는 말씀을 믿고 의지해 환자들에게 동의를 구하고 병 낫기를 기도하기 시작했습니다. 많은 사람을 위해 기도했지만 한 사람도 좋아지지 않았습니다. 하지만 포기하지 않고 계속해서 기도했습니다.

어느 날 허리 통증으로 한 환자가 병원을 방문했습니다.

손으로 하는 정형외과적인 테스트를 했을 때 골반(천장관절

증후군)에 문제가 나타났습니다. 저는 기도에 대한 동의를 구하고 그분의 골반에 손을 얹고 기도했습니다. 기도가 끝나고 다시 손으로 하는 정형외과적인 테스트를 했을 때 골반 문제가 바로 고쳐졌습니다.

저는 뛸 듯이 기뻤지만 환자는 큰 질병이 아니었기 때문인지 저처럼 기뻐하지는 않았습니다. 기도를 통해 처음으로 치유가 일어난 이날 퇴근하고 집으로 가면서 계속해서 하나님께 감사 기도를 했습니다.

이때부터 주님의 역사와 도우심으로 기도할 때 병이 고쳐지는 일이 일어나기 시작했습니다.

(이런 간증을 하기가 망설여집니다만 하나님이 이루신 위대한 일을 사람들에게 선포해 하나님이 하나님 되심을 알리고 "내 영혼이 여호와(하나님)로 자랑하리니 곤고한 자가 이를 듣고 기뻐하리로다"(시편 34:2)라고 말씀하셔서 조심스럽게 이야기하는 심정을 이해해 주십시오.)

초창기 치유 사역 중에 기억나는 한 형제가 있습니다.

그 형제는 'ㅅ'교회에 다니는 젊은 형제였는데 10살이 조금 지나면서부터 클래식 기타를 배워 대학원 마지막 학기 졸업 연주만을 남겨 놓은 상태였습니다. 하지만 형제는 손에 문제가 생겨 연주를 하지 못하게 되었습니다.

그 형제는 독일에서 대학원을 다니고 있었습니다.

독일은 우리나라보다 의학이 발달된 나라였기 때문에 형제는 손을 고치기 위해 독일의 여러 병원을 다녔지만 병의 원인조차 알아내지 못했습니다. 할 수 없이 한국으로 돌아와 1년이 넘도록 개인병원, 종합병원, 한방진료까지 받아봤지만 결과는 동일했습니다.

형제는 하나님께 손을 고쳐달라고 간절히 기도했습니다.

하지만 손은 여전히 연주하지 못하는 상태였습니다. '십수 년 동안 기타 한 길만 보고 달려왔는데 앞으로 뭘 하고 살아야 할지…'라는 막막함에 형제는 절망에 빠져들었습니다. 또한 기도해도 치유되지 않는 것을 보고 하나님께 대한 거절의 상처까지 갖게 되었습니다.

어느 날 형제는 부모님의 권유로 우리 병원에 왔습니다.

형제의 아버지가 우리 병원에서 기도를 받으며 치료해 오래된 허리 통증이 낫자 아내에게 "기도를 통해서 병이 낫게 되었다"라고 이야기했고 아내는 아들에게 우리 병원에 가보자고 권유한 것입니다.

형제는 일 년이 넘도록 여러 병원들을 찾아다니며 진료를 받았지만 고치지 못했기 때문에 병원을 좋아하지 않았지만 엄마에게 이야기를 듣고는 병원에 가고 싶은 마음이 막 일어났다고 합니다.

저는 성령님께서 그런 마음을 주셨을 거라고 생각합니다.

처음 기도할 때 우리는 바로 기적이 일어나서 그 형제가 치유되기를 바랐습니다.

하지만 하나님의 생각은 달랐습니다.

저와 형제는 손이 빨리 치유되기를 원하는 간절한 마음으로 하나님께 기도했지만 세 번, 네 번 기도할 때까지 낫지 않았습니다. 하지만 기도할 때마다 하나님의 사랑이 부어져서 이 형제는 울고 또 울었습니다. 하나님은 이 형제의 마음을 먼저 치유하고 계셨던 것입니다.

다섯 번째인가, 여섯 번째인가 기도할 때 형제의 손은 완벽하게 나았습니다.

또한 연주할 때 형제에게 안 좋은 습관이 있다는 이야기를 듣고 그것까지 고쳐달라고 기도했는데 하나님은 그 습관까지 다 고쳐주셨습니다. 그때 그 형제가 고맙다고 CD를 선물했는데 지금까지 잘 듣고 있습니다.

제가 기도할 때 치유가 일어난다는 이야기를 듣고 담임 목사님이 교회에서 치유 사역을 하도록 해주셨습니다. 이 사역을 처음 할 당시 저의 믿음은 정말 보잘것없었습니다.

그럼에도 불구하고 하나님께서 사용해 주심에 감사드립니다. 제가 주님께 쓰임 받는 것은 전적으로 하나님의 은혜입니다.

이후에도 하나님의 은혜로 많은 치유들이 일어났고 저는 성령님을 통하여 점차 치유를 배워 나갔습니다.

믿음이 연약했음에도 불구하고 하나님께서 저를 사용해 주셔서 정말 감사합니다.

모든 영광을 하나님께 올려드립니다. 할렐루야!

"믿음의 기도는 병든 자를 구원하리니 주께서 그를 일으키시리라…"

(야고보서 5:15)

한 번은 'ㅅ'교회에 다니는 한 청년이 치료를 받으러 왔는 데 그는 신혼여행을 다녀온 후에 양쪽 다리가 너무 저려서 일상생활을 하기가 힘들다고 했습니다. 그래서 MRI를 찍은 후에 사진을 보면서 환자에게 설명을 하고 있었습니다.

그런데 갑자기 성령님의 음성이 들리는 것 같았습니다.

"압박의 영을 쫓아내라!"

저는 말도 안 된다고 생각했습니다.

의학적으로는 디스크가 정중앙 뒤로 밀려 나오면서 다리로 내려가는 신경을 누르고 있었기 때문에 다리가 저린 것이 분명했기 때문입니다.

저는 계속해서 설명을 이어갔습니다. 그런데 다시 한번 "압박의 영을 쫓아내라!"라는 음성이 들렸습니다.

저는 이성적으로 도저히 받아들일 수 없었지만 두 번이나 음성이 들렸기 때문에 '밑져야 본전이니까 기도를 한번 해보자'라고 마음을 먹었습니다. 그리고 청년에게 "제가 하나님을 믿는데 기도해 드려도 괜찮겠냐"라고 동의를 얻은 후 기도하기 시작했습니다.

저는 예수의 이름으로 압박의 영을 쫓아달라고 기도했습니다.

주님은 저의 기도에 응답하셔서 그 청년에게서 압박의 영을 쫓아내주셨습니다. 청년은 양쪽 다리가 차가운 물에 들어간 것처럼 너무 시원하다고 하면서 모든 증상이 사라졌다고 했습니다. 이 청년은 너무나도 기뻐하면서 돌아갔지만 저는 너무나 큰 혼란에 빠졌습니다.

'분명히 디스크에 눌려서 다리가 저린 건데 어떻게 압박의 영을 쫓아냈다고 괜찮아질 수가 있지?'

그때의 제 이성으로는 도저히 이해가 되지 않았습니다.

하지만 지금은 이해가 됩니다.

우리는 잘못된 생활습관이나 유전적인 원인, 순간적인 사고로 질병이 생길 수도 있지만 악한 영의 공격으로 인해 영적인 이유로 질병이 생길 수도 있습니다. 하지만 모든 질병의 원인이 악한 영이라는 것은 아닙니다.

"하나님이 나사렛 예수에게 성령과 능력을 기름 붓듯 하셨으매

그가 두루 다니시며 선한 일을 행하시고

마귀에게 눌린 모든 사람을 고치셨으니

이는 하나님이 함께 하셨음이라"(사도행전 10:38)

한국 속담에 '콩 심은데 콩나고 팥 심은데 팥 난다'라는 말이 있습니다. 어찌 보면 너무나 당연한 말입니다. 즉 심은 대로 거둔다는 말입니다. 우리가 예수님을 믿고 예수님을 따라가는데 있어서 심고 거두는 것은 하나님 나라의 중요한 법칙 가운데 하나입니다.

비판, 정죄를 심으면 비판, 정죄를 거두게 되고 감사, 용서를 심으면 감사, 용서를 거두게 됩니다. 비판, 정죄는 부정적인 영역이고 용서, 감사는 긍정적인 영역입니다.

콩 심은데 콩 난다는 것은 같은 것이 같은 것을 불러온다는 것입니다. 즉 부정적인 생각, 말은 부정적인 것을 불러오고 긍정적인 생각, 말은 긍정적인 것을 불러옵니다. 부정적인 영역은 사탄의 활발한 활동 영역이고 긍정적인 영역은 하나님께서 일하시는 활동 영역입니다.

그래서 성경은 용서를 강조합니다.

"그때에 베드로가 나아와 이르되 주여 형제가 내게 죄를 범하면
몇 번이나 용서하여 주리이까 일곱 번까지 하오리이까
예수께서 이르시되 네게 이르노니 일곱 번뿐 아니라
일곱 번을 일흔 번까지라도 할지니라"(마태복음 18:21–22)

우리가 누군가를 용서하지 못할 때 우리의 생각은 자연스럽게 부정적이 됩니다. 그러면 사탄의 활동 무대가 되는 것

입니다. 사탄은 우리의 삶 가운데서 좋은 것을 훔쳐 갑니다.

　한 자매가 무릎 통증으로 병원에서 치료를 받은 후 90%
이상 좋아져 한두 번만 더 치료를 받으면 병원에 그만 와도
되는 상황이었습니다.
　그런데 제가 3일 정도 세미나에 참석하고 돌아와서 이 자
매를 치료하는데 무릎 상태가 원점으로 돌아와 있었습니다.
　'이렇게까지 다시 악화될 수 없는데….
　혹시 영적인 문제인가?'
　저는 이렇게 생각하면서 하나님께 가르쳐 달라고 기도했
습니다. 기도 중 자매님 무릎 위에 얹은 제 손이 차가워지는
느낌이 들면서 빙산이 보였습니다.

　빙산은 얼어붙은 마음을 상징하는 경우가 많기 때문에 저
는 자매에게 "혹시 용서하지 못한 사람이나 관계가 막힌 사
람이 있으세요?"라고 물었습니다. 그런데 자매가 갑자기 눈
물을 터뜨리며 사실은 아기가 잘 들어서지 않아서 굉장히
힘들게 임신을 했는데 시댁에 갈 때마다 시어머니가 일을
많이 시켜서 유산이 됐다고 했습니다. 임신 초기에는 조심
을 해야 하는데 안타까운 일이 일어난 것입니다.

　저는 전에 읽은 책에서 마음에 미움이 있을 때 관절염이
많이 발생한다는 내용을 본 기억이 있어 시어머니를 용서했

냐고 물으니 그 자매가 못했다고 했습니다. 그래서 자매에게 지금 마음이 너무 힘들고 어렵겠지만 자매님이 건강하게 낫기 위해서라도 꼭 시어머니를 용서해야 한다고 권면했습니다. 그 자매는 힘들어하면서도 제 권유에 따라 시어머니를 용서하고 또 하나님께 용서 기도를 했습니다.

그리고 난 후, 다시 함께 기도를 하자 하나님께서는 그 자매를 온전히 고쳐주셨습니다.

하나님은 우리 손에 좋은 선물을 주시기 원합니다. 하지만 우리가 용서하지 못할 때 손에 용서치 못함을 쥐고 있는 것입니다. 하나님께로부터 오는 좋은 것을 받기 위해서는 쥐고 있는 것을 내려놓아야 합니다. 용서치 못하게 하는 사탄의 전략에 속지 말고 용서할 일이 있으면 우리는 그때그때 용서해야 합니다.

"…나는 너희를 치료하는 여호와임이라"(출애굽기 15:26)

여호와 라파 - 하나님은 지금도 우리를 계속 치유하고 계십니다.

우리 하나님은 너무나 좋으신 분이십니다.
우리는 누구나 극단으로 치우치기 쉽습니다.
어떤 사역자들은 어둠의 영들을 쫓아내기 위해서는 반드

시 그 이름을 부르면서 쫓아내야 한다고 합니다. 하지만 우리의 기준은 오직 성경입니다.

"심지어 사람들이 바울의 몸에서 손수건이나 앞치마를 가져다가
병든 사람에게 얹으면 그 병이 떠나고 악귀도 나가더라"(사도행전 19:12)

　빛이 임하면 어둠이 사라지듯이 악귀의 이름을 부르지 않아도 하나님의 임재 안에서 귀신들은 떠나갑니다.
　악한 영들의 이름을 꼭 알 필요는 없습니다.
　「예수」이름의 권세면 충분합니다.
　우리는 하나님을 경험하면 할수록 기쁘게 순종할 수 있는 사람으로 변할 수밖에 없습니다.

"젊은 사자는 궁핍하여 주릴지라도 여호와를 찾는 자는
모든 좋은 것에 부족함이 없으리로다"(시편 34:10)

척추측만증 환자를 만지시다

　예수님은 완전한 의사이십니다.
　예수님께 나아오는 모든 자들을 완전하게 고치셨습니다.
　예수님은 지금도 그 일을 행하고 계십니다.
　척추가 틀어져 있으면 의사는 그것을 바로 교정해야 합니

다. 하나님은 우리들의 잘못된 부분을 똑바로 교정해 주시기를 원하십니다.

> "모든 선한 일에 너희를 온전하게 하사 자기 뜻을 행하게 하시고
> 그 앞에 즐거운 것을 예수 그리스도로 말미암아
> 우리 가운데서 이루시기를 원하노라
> 영광이 그에게 세세무궁토록 있을지어다 아멘"(히브리서 13:21)

여기에서 '온전하게'의 헬라어는 '카타르티조'입니다.

그 뜻은 '뼈를 맞추다, 조정하다, 고치다, 수리하다'입니다. 우리 몸의 뼈 위치가 잘못됐을 때 우리는 스스로 맞출 수 없습니다. 숙련된 의사가 교정을 해야 합니다. 마찬가지로 우리의 잘못된 부분을 하나님의 숙련된 손으로 맞춰야 합니다. 하나님은 우리를 하나님 뜻대로 살수 있도록 온전하게 고쳐주시는 분입니다.

동일한 헬라어가 마태복음 4장 21절에 쓰였습니다.

> "거기서 더 가시다가 다른 두 형제 곧 세베대의 아들 야고보와
> 그의 형제 요한이 그의 아버지 세베대와 함께
> 배에서 그물 깁는 것을 보시고 부르시니"(마태복음 4:21)

그물을 깁는 것 즉 찢어진 그물을 수선할 때 동일한 헬라어 '카타르티조'를 사용합니다.

그물이 찢어져 있으면 물고기를 놓치게 됩니다.

하나님은 우리 모두를 베드로와 같이 사람을 낚는 어부로 부르셨습니다. 하나님이 우리를 온전케 하셔서 우리의 삶이 하나님이 기뻐하시는 예배자로 됐을 때 그것은 영혼 추수의 관점으로 보면 그물이 수선되는 것입니다.

온전케 되는 것과 그물이 수선되는 것은 같은 의미입니다. 우리가 온전케 될수록 더 많은 영혼을 추수할 수 있습니다.

병원에 온 분들 중에는 크리스천이 아닌 분들도 많습니다. 그런데 환자의 지인 중 크리스천인 분들이 그 환자를 위해 중보기도를 하는 경우도 있습니다. 하나님은 그 지인의 기도를 들으시고 하나님의 때에 반드시 역사하시고 응답하셔서 환자가 구원받는 일도 종종 있습니다.

척추측만증을 치료하기 위해 병원에 한 학생과 어머님이 오셨습니다. 제가 엑스레이 사진을 보면서 설명하고 있는데 방안에 하나님의 사랑이 부어지면서 갑자기 학생과 어머님이 울기 시작했습니다.

저도 하나님의 사랑을 느끼고 있었기 때문에 "지금 두 분이 왜 울고 계시는지 아세요?"라고 물어보았습니다.

어머님은 "잘 모르겠어요"라고 하시며 계속 눈물을 흘리셨습니다. 조금 후에 두 모녀의 얼굴을 보니 얼굴빛이 환해져있었습니다.

저는 그분들에게 "하나님은 영이시기 때문에 우리가 그분을 눈으로 볼 수는 없지만 하나님의 사랑이 우리 마음에 가득히 부어지면 마음이 편안해지고 때로는 눈물이 납니다"라고 설명을 해드렸습니다.

두 모녀가 병원에 세 번째, 네 번째쯤 방문했을 때 하나님이 그들을 교회로 인도하라는 마음을 주셨습니다. 그래서 저는 그분들에게 "하나님께서 이제 교회에 나가기를 원하십니다"라고 말했습니다.

그러자 학생의 어머니가 신기해하면서 안 그래도 친한 분이 자기를 교회에 나가게 해달라고 계속 기도하고 있었다고 말했습니다. 제가 "그분과 상의해 이번 주일부터 꼭 교회에 나가세요"라고 말씀드렸더니 흔쾌히 동의했습니다.

병원에서 하나님의 임재가 충만히 나타나고 두 모녀를 구원의 길로 이끈 것은 어머니 지인의 중보기도 덕분이었습니다. 우리가 믿지 않는 사람들을 위해 기도할 때 하나님께서는 그 기도를 들으시고 하나님의 때에 반드시 역사하십니다. 죄인 한 명이 돌아올 때 하늘에서는 잔치가 벌어집니다. 우리 모두 기도에 깨어있어서 하늘에서 매일매일 잔치가 이루어지면 좋겠습니다.

"너희 중에 어떤 사람이 양 백 마리가 있는데

그 중의 하나를 잃으면 아흔아홉 마리를 들에 두고

그 잃은 것을 찾아내기까지 찾아다니지 아니하겠느냐

또 찾아낸즉 즐거워 어깨에 메고 집에 와서

그 벗과 이웃을 불러 모으고 말하되

나와 함께 즐기자 나의 잃은 양을 찾아내었노라 하리라

내가 너희에게 이르노니

이와 같이 죄인 한 사람이 회개하면

하늘에서는 회개할 것 없는 의인 아흔아홉으로 말미암아

기뻐하는 것보다 더하리라"(누가복음 15:4-7)

하나님은 우리를 도와주시는 분입니다.

오래된 질병은 우리를 힘들게 하고 지치게 합니다. 우리에게 무거운 짐으로 느껴집니다. 하나님은 우리가 이 무거운 짐을 계속 지고 가기를 원하지 않으십니다. 하나님이 대신 짊어지시기를 원하십니다.

이 땅의 모든 문제를 한 단어로 진단하면 '죄' 때문입니다.

처음에 하나님이 이 땅을 창조하셨을 때 모든 것이 하나님이 보시기에 좋았습니다. 하지만 죄가 이 땅에 들어오면서 많은 것들을 파괴했습니다. 질병이 없었는데 죄로 인해서 이 땅에 질병이 생기게 되었습니다. 죄로 인해서 파생된 모든 무거운 짐을 우리는 해결할 수 없기 때문에 하나님께서 이 땅에 오셨습니다.

하나님이신 예수님이 십자가를 지셨습니다.

십자가를 지셨다는 것은 우리의 모든 무거운 짐과 죄를 다 지고 가신 것입니다. 십자가의 능력 때문에 우리는 이제 죄를 용서받을 수 있고 무거운 짐을 하나님께 맡길 수 있습니다.

하나님은 우리의 짐을 지고 가시겠다는 강한 의지를 이미 십자가를 통해 보여주셨습니다. 질병을 비롯한 삶의 모든 무거운 짐을 주님께 맡겨보십시오. 주님의 선하심을 보게 될 것입니다.

"날마다 우리 짐을 지시는 주 곧 우리의 구원이신 하나님을

찬송할지로다 (셀라)"(시편 68:19)

2부

진리를
깨닫게 하시는 하나님

1장

모든 위로의 하나님

진정한 위로는 하나님만 하실 수 있다

"찬송하리로다

그는 우리 주 예수 그리스도의 하나님이시요

자비의 아버지시요 모든 위로의 하나님이시며

우리의 모든 환난 중에서 우리를 위로하사

우리로 하여금 하나님께 받는 위로로써

모든 환난 중에 있는 자들을 능히 위로하게 하시는 이시로다

그리스도의 고난이 우리에게 넘친것 같이

우리의 위로도 그리스도로 말미암아 넘치는도다

우리가 환난 받는 것도 너희의 위로와 구원을 위함이요

혹 위로 받는 것도 너희의 위로를 위함이니

이 위로가 너희 속에 역사하여

우리가 받는것 같은 고난을 너희도 견디게 하느니라

너희를 위한 우리의 소망이 견고함은

너희가 고난에 참예하는 자가 된것 같이 위로에도 그러할 줄을 앎이라

형제들아 우리가 아시아에서 당한 환난을

너희가 알지 못하기를 원치 아니하노니

힘에 지나도록 심한 고생을 받아 살 소망까지 끊어지고

우리 마음에 사형 선고를 받은 줄 알았으니

이는 우리로 자기를 의뢰하지 말고

오직 죽은 자를 다시 살리시는 하나님만 의뢰하게 하심이라

그가 이같이 큰 사망에서 우리를 건지셨고 또 건지시리라

또한 이후에라도 건지시기를

그를 의지하여 바라노라"(고린도후서 1:3-10)

"그는 우리 주 예수 그리스도의 하나님이시요 자비의 아버지시요."

이 말씀처럼 하나님께서는 자비의 아버지이십니다.
'자비'의 뜻이 무엇일까요?
'자비를 베푼다, 긍휼을 베푼다'고 할 때 거기에는 잘잘못을 따지지 않습니다. 곧 '율법을 뛰어넘는다'는 뜻이 내포되어 있습니다. 긍휼이 많고 자비가 많은 사람들은 고아와 과부가 생활력이 없이 굶으면 이들이 어떻게 살았는지 따지지 않고 먼저 그 어려운 상황을 도와줍니다. 그것을 우리는 자

비라고 이야기합니다.

우리 아버지께서는 가장 자비가 넘치는 하나님이십니다.
자비의 하나님이실 뿐만 아니라 모든 위로의 하나님이십니다. '위로'라는 것은 함께 아파하면서 그 상황을 도와주는 것입니다.
모든 위로의 하나님이라고 성경이 말씀하는 이유는 인간은 진정한 위로를 할 수 있는 능력이 없기 때문입니다. 어떤 사람을 완전히 이해해야만 그 사람을 온전히 위로할 수가 있는 것입니다.

누구는 여기가 아프고 누구는 이것이 힘들어 죽겠는데 위로한다고 하면서 우리는 전혀 엉뚱한 것들을 위로해 주는 경우가 많습니다. 우리 자신조차도 우리를 잘 모르지만 우리를 만드시고 우리를 지으신 하나님께서는 우리의 모든 부분을 다 알고 계십니다. 그래서 그분의 위로가 우리에게 가장 큰 힘이 되는 것입니다.

하나님 나라의 위로, 곧 하나님의 위로는 그냥 말뿐인 위로가 아닙니다. 왜냐하면 성경에 "하나님 나라는 말에 있는 것이 아니라 능력에 있다"라고 이야기하고 있기 때문입니다. 하나님의 위로라고 하는 것은 하나님의 능력, 하나님의 자원으로 우리를 도와주신다는 것입니다. 어려운 상황에서 이길 수 있도록 힘과 자원을 주시는 것이 하나님의 위로인 것입니다.

> "이에 일어나서 아버지께 돌아가니라 아직도 상거가 먼데
> 아버지가 저를 보고 측은히 여겨 달려가 목을 안고 입을 맞추니
> 아들이 가로되 아버지여 내가 하늘과 아버지께 죄를 얻었사오니
> 지금부터는 아버지의 아들이라 일컬음을 감당치 못하겠나이다 하나
> 아버지는 종들에게 이르되 제일 좋은 옷을 내어다가 입히고
> 손에 가락지를 끼우고 발에 신을 신기라
> 그리고 살진 송아지를 끌어다가 잡으라
> 우리가 먹고 즐기자"(누가복음 15:20-23)

당시의 문화는 아버지께서 돌아가셨을 때 아들들이 유산을 상속받는데 장자는 두 배를 받고 그 나머지를 아우들이 나누어 가졌습니다. 돌아온 탕자 주인공은 좀 버릇이 없는 아들이라고 이야기할 수 있습니다. 아버지께서 돌아가시기 전에 미리 유산을 받았기 때문입니다. 받은 재산을 탕진하고 먹을 것이 없어서 돼지가 먹는 쥐엄 열매로도 배를 채울 수가 없게 되자 아버지에게 돌아가면 배라도 채울 수 있겠다는 소망을 갖고 아버지께로 다시 온 것입니다.

'측은히 여겨'의 헬라어는 '스프랑크 리조마이'인데 '간절히 열망하다'라는 의미입니다. 하나님 아버지께서 이 땅에 위

로가 필요한 자를 보았을 때 무엇을 간절히 원하셨을까요? 그들의 회복을 간절히 열망하셨다는 것입니다. 하나님의 위로는 말에서 그치는 것이 아니라 이 아들에게 가장 필요한 것들을 회복시켜 주십니다. 이 아들의 마음을, 이 아들의 고통을 누구보다 잘 알고 계셨기 때문에 아들에게 가장 필요한 것들을 회복시켜 주십니다.

아버지는 **제일 먼저** 아들의 누더기 옷을 벗기고 좋은 옷을 입혀 주셨습니다.
이 아들의 사고방식은 가난의 사고방식으로 찌들어 있었습니다.
이 말씀은 우리를 향한 하나님의 사랑을 잘 표현하고 있습니다. 하나님은 이 아들의 생각을 가난의 영을 쫓아내는 부요함의 사고방식으로 바꿔주기 위해 새 옷을 입혀준 것처럼 우리에게도 새 옷을 주신 것입니다. 성경에서 옷의 의미는 우리의 행위와 관련되어 있을 때가 많습니다.
행동은 어디에서부터 나타납니까?
사람은 사고방식 대로 행동할 수밖에 없습니다.

제일 좋은 옷을 입혀줬다는 것은 부요함의 사고방식을 회복시켜서 아버지 곁을 떠나 가난의 사고방식 속에서 가난하게 살았던 것을 부요함으로 회복시켜 주시기를 원하신다는 것입니다. 가난의 영에 사로잡힌 사람들은 돈이 아무리 많아도 다른 사람들을 위해 사용할 줄 모릅니다. 부요한 사람 같지만 하나님이 보시기에는 가난한 사람입니다.

부요한 사람들은 주변에 어려운 사람들을 도와주면서 살아갑니다.

하나님께서는 우리의 삶 가운데 부요함을 회복시켜 주시기를 원하십니다. 하지만 돈을 사랑하는 것은 일만 악의 뿌리입니다.

"돈을 사랑함이 일만 악의 뿌리가 되나니

이것을 사모하는 자들이 미혹을 받아

믿음에서 떠나 많은 근심으로써 자기를 찔렀도다"(디모데전서 6:10)

많은 사람들이 재정의 통로라고 이야기하면서 사실은 마음 중심을 들여다보면 돈을 사랑하는, 돈을 좋아하는 경우가 많습니다. 하지만 부요함은 그것과 전혀 다른 것입니다. 부요함은 돈에서 자유로운 것입니다. 아버지께서는 우리에게 돈에서 자유로운 삶을 주시기를 원하십니다.

돈에서 자유롭지 못하면 진정한 자유가 임하기 어렵습니다. 그래서 아버지께서는 먼저 가난을 경험한 아들에게 좋은 옷을 입혀 주셔서 그 사고방식을 회복시키시면서 위로해 주십니다.

그리고 **두 번째로** 반지를 끼워 주셨습니다.

우리가 결혼할 때 상대방에게 반지를 끼워줍니다.

반지는 약속 곧 언약과 관계가 있습니다.

하나님 앞으로 돌아온 그 순간 "너를 향한 하나님의 약속은 여전히 유효하다"라고 반지를 끼워주신 것입니다.

그리스도 예수 안에서 하나님의 약속은 얼마든지 '아멘, 예'가 된다고 성경은 말씀하고 있습니다. 예수님만 의지하면 하나님의 약속은 언제든지 우리 삶 가운데 실제가 될 수 있습니다. 하나님께서는 우리에게 약속하시고 그 약속을 이루시는 신실한 하나님이심을, 그 선하심을 우리가 맛보아 알기를 원하십니다.

마지막으로 신발을 신겨 주셨습니다.

신발은 다스릴 약속의 땅을 의미하는데 "비록 네가 네 잘 못으로 약속의 땅을 잃어버렸지만 나는 네가 왜 그렇게 연약한 행동을 했는지 다 알고 있기에 그 약속의 땅은 지금도 유효하다"라는 의미로 신발을 신겨 주신 것입니다.

당시 이스라엘에서는 토지를 교환할 때 서로가 신발을 신고 그 소유지를 걸어간 다음 그 땅을 소유하도록 되어 있었습니다. 그래서 돌아온 탕자에게 하나님께서는 약속의 땅이 여전히 유효하다는 뜻으로 신발을 신겨 주신 것입니다.

이러한 것들보다 돌아온 아들에게 가장 급한 것은 당장의 배고픔이었습니다. 맛있는 음식을 실컷 먹고 싶은 마음을 잘 알고 계시기 때문에 살진 송아지를 잡아서 잔치를 벌이게 했습니다. 그동안 먹고 즐기지 못했기 때문에 먼저 먹고 즐기라고 하신 것입니다.

우리의 아픔에 공감하시다

우리 하나님은 "마시라, 많이 마시라", "먹으라, 많이 먹으라"라고 말씀하시는 풍성하신 하나님이십니다.

우리는 위로의 하나님이 어떻게 역사하시는지 성경을 통해서 알 수 있습니다. 성경의 신구약을 통틀어서 하나님께서 우시는 장면은 거의 나오지 않지만 신약에서 예수님께서 우시는 장면이 나옵니다.

"예수께서 그의 우는 것과 또 함께 온 유대인들의 우는 것을 보시고
심령에 통분히 여기시고 민망히 여기사 가라사대 그를 어디 두었느냐
가로되 주여 와서 보옵소서 하니 예수께서 눈물을 흘리시더라"

(요한복음 11:33-35)

"예수께서 눈물을 흘리시더라."

천하 만물을 지으시고 모든 것의 주인이신 예수님께서 눈

물을 흘리십니다.

위로의 하나님이시기 때문에 눈물을 흘리십니다.

그렇다면 하나님께서는 어떤 상황일 때 눈물을 흘리실까요? 본문을 보면 그(마리아)와 유대인들이 우는 것을 보시고 눈물을 흘리십니다.

그렇지만 예수님께서는 나사로에게 가실 때 이미 나사로를 하나님의 부활의 능력으로 살리실 것을 알고 계셨습니다. 만약 우리 같으면 마리아가 울고 있을 때 "울지 마라. 내가 5분 뒤에 너의 오빠를 살릴 거야"라고 이야기할지 모릅니다. 왜냐하면 5분 뒤면 나사로를 살릴 수 있는 주님의 부활의 능력으로 마리아를 위로할 수 있으니까요. 하지만 하나님께서는 어떻게 할 때 인간이 회복되는지 잘 알고 계십니다.

아픈 자들, 힘든 자들에게는 그 감정 그 마음을 온전히 알아주고 함께 울어줄 때 치유가 일어납니다.

이때 그들의 마음은 회복됩니다. 5분, 10분 뒤에 부활의 능력으로 일으키실 것을 아셨지만 당장 마리아의 상한 마음을 예수님께서는 너무나 위로하기 원하셨고 모든 위로의 하나님이 예수님이시기 때문에 예수님께서는 눈물을 흘리실 수밖에 없으셨습니다.

우리가 믿는 하나님은 이렇게 좋으신 분이십니다.

우리가 살면서 울 때에 예수님도 "얼마나 힘드니…, 얼마나 마음이 아프니…" 하시면서 같이 울어주시고 우리를 위로하십니다. 모든 것을 자기 뜻대로 하실 수 있고 모든 것을 완벽하게 다스릴 수 있고 불가능이 없으신 그분께서 우신다는 것은 정말 놀라운 일입니다.

예수님께서 우시는 것은 딱 하나의 이유 때문입니다.
우리를 사랑하시기 때문입니다.
부모가 왜 자식을 보고 울까요?
자식을 사랑하기 때문에 자식이 잘되고 회복되기 원하기 때문에 부모는 웁니다. 우리의 참 부모 되신 예수님은 우리를 위하여 우시면서 하나님 보좌 우편에서 주무시지도, 졸지도 않고 쉬지도 않으시면서 계속 중보하십니다.

예수님은 지금도 우리를 위하여 눈물을 흘리시면서 눈물의 씨를 뿌리십니다.
그 눈물의 씨앗이 우리의 삶 가운데 머지않아 기쁨으로 단을 거두게 하는 예수님의 중보기도이며, 이 능력은 이 땅 가운데 가장 탁월한 능력이며, 100% 응답받는 기도이기 때문에 "예수께서 눈물을 흘리시더라"라는 말씀을 붙잡고 우리가 예수님의 중보기도의 능력을 믿기를 주님이 원하십니다.

"네 믿음대로 될지어다."

우리가 믿을 때 예수님의 중보기도의 능력이 더욱더 우리의 삶 가운데 능력으로, 사랑으로, 자비로, 하나님의 위로로 충만하게 역사하실 것입니다. 진정한 위로란 그 상황을 진심으로 이해하고 거기서 한 걸음 더 나아가 돌파시켜 주는 것입니다. 그 상황을 변화시켜 주는 것입니다. 예수님은 우는 것에서 끝나지 않으셨습니다. 거기서 한 걸음 더 나아가셔서 그 울음의 근본 슬픔(정말 친했던 오빠와 헤어질 수밖에 없던)의 원인을 해결해 주셨습니다.

우리가 지금 힘들어하는 것, 우리가 지금 가장 연약해 하고 하나님께 위로를 받아야 할 그 영역을 아버지께서는 도와주시기를 원하십니다.

"너희 염려를 다 주께 맡기라. 이는 그가 너희를 돌보심이라"

(베드로전서 5:7)

아버지 하나님께서는 모든 것이 가능하십니다.

그 하나님께서 우리에게 원하시는 것은 "온전히 나를 신뢰하라. 나를 믿기만 하라"입니다. 하지만 "너희가 염려할 때는 나를 믿지 않는 것이다. 나를 온전히 믿고 너희 염려를 나에게 맡기고 평안 가운데 하루하루를 살아갈 때 내가 행할 것이다"라고 말씀하시는 것입니다.

그리스도의 몸인 우리도 위로의 통로이다

우리는 하나님 나라에서 어떤 역할을 하게 될까요?

예수님이 우리의 머리이시고 우리는 예수님의 몸입니다. 또한 예수님께서 "나를 믿는 자는 내가 하는 일을 그도 할 것이요"(요한복음 14:12)라고 말씀하셨습니다.

예수님이 위로의 통로이신 것처럼 우리가 예수님의 몸이기 때문에 당연히 몸은 머리를 따라갈 수밖에 없는 것이며 몸을 통하여 머리의 생각, 머리의 의도가 나타날 수밖에 없습니다. 그래서 우리도 동일하게 위로의 통로가 되어야 합니다. 한 사람, 한 사람이 진정한 위로의 통로가 될 때 세상은 교회에 대한 시각을 달리할 것입니다.

고난은 하나님의 음성을 들을 수 있는 확성기입니다.

고난이 주어지지 않으면 하나님과 가까워질 수가 없습니다.

고난은 하나님과 가까워진 사람들이 갖는 공통점입니다.

고난이 유익이고 고난이 축복인 이유는 고난을 통하여 아버지의 음성을 듣는 일에 자라나기 때문입니다. 하나님과 더욱더 친밀해지는 것에 자라가게 됩니다.

하나님의 음성은 위로의 음성, 우리의 삶을 회복시키는 음성입니다. 저도 하나님의 음성을 들을 때마다 '이렇게까지 좋을 수가 있을까? 이보다 더 좋을 수는 없다'고 생각합니다. 그전에도 그렇게 느꼈는데 다시 하나님을 경험할 때마다 '이보다 더 좋을 수는 없다'고 또 생각하게 됩니다.

자비의 하나님, 위로의 하나님을 만났을 때 우리는 매일매일 그분 앞에 더 나아가기를 원하게 됩니다.

많은 사람들이 믿음이 자라기를 원합니다. 하지만 믿음은 우리가 하나님을 아는 만큼 자랄 수 있습니다. 하나님을 알기 위해서는 우리가 그분을 또 만나고, 또 만나고, 또 만나야 합니다. 말씀을 보다가 하나님을 만나야 하고, 찬양을 드리다가 하나님을 만나야 하고, 기도를 하다가 하나님을 만나야 합니다.

만남이라고 다 하나님과의 만남이 아닙니다.

귀신, 마귀도 광명의 천사처럼, 하나님처럼 속이고 우리를 만납니다.

하나님을 만났다고 하면서 굉장히 사나운 사람, 철저히 이기적인 사람, 주변 사람들을 괴롭히는 사람은 하나님을 만난 것이 아닐 확률이 큽니다. 우리가 진짜 하나님을 만나면 우리를 통하여 하나님의 향기가 저절로 배어날 수밖에 없습니다.

일부러 향기를 내려고 하는 것이 아니라 그분을 만남으로 향기가 나는 것입니다. 냄새는 속일 수가 없습니다. 담배를 피우는 사람에게는 담배 냄새가 납니다. 담배 피우는 사람과 같이 있으면 그 사람은 담배를 피우지 않았어도 담배 냄새가 날 수밖에 없습니다. 마귀와 함께 있으면 마귀 냄새가 납니다. 마귀 냄새는 사람에게 상처를 주고, 수군거리며, 죽이고, 빼앗고, 멸망시키는 일을 합니다.

반대로 예수님과 함께 있으면 예수님의 향기가 납니다.

그리스도의 향기는 속일 수가 없습니다. 하나님을 만난 사람에게서는 그리스도의 향기가 나타납니다. 좋은 향은 우리를 기분 좋게 합니다. 아로마테라피는 우리를 치유해 줍니다. 우리 모두가 하나님의 위로의 통로, 회복의 통로가 되기를 주님은 원하십니다.

수동적인 영역과 능동적인 영역

하나님께서는 새 일을 행하시는 분입니다.

때를 따라 일을 행하시는 분입니다.

우리의 삶 가운데 회복을 주시고 우리에게 부요함을 주시기를 원하십니다. 하나님의 영광이 회복되는 것, 즉 하나님께서 더 분명히 나타나시기를 원하십니다. 우리의 삶 가운데 많은 영역에서 새로운 시도들, 새로운 것들을 시키시기 원하십니다. 그런데 너무나 많은 사람들이 수동적입니다.

신앙은 수동적인 영역과 능동적인 영역이 다 있습니다.

　수동적인 영역은 하나님이 우리를 깨뜨리실 때 '나는 철저히 할 수 없다', '내 힘으로는 되지 않는다'는 것을 수년 동안 배우게 하실 때입니다. 그러나 아버지 하나님께서는 약속의 땅을 가로막고 있는 여리고에 있는 성들을 무너뜨리기를 원하시고 우리에게 전략을 주실 때는 능동적이 되어야 합니다.

　하나님의 전략은 새로운 것입니다.
　성이 소리를 통하여 무너진 적은 한 번도 없습니다.
　우리는 새로운 일을 행할 때 혹시 잘못되면 어떻게 하나 두려워합니다.
　하나님의 통치를 믿읍시다.
　하나님께서는 모든 상황을 다스리십니다.
　실패를 두려워하지 마십시오.
　실패가 반복적으로 쌓이게 되면 성공의 어머니가 됩니다.
　사실은 결과론적으로 보면 실패란 없습니다. 그 실패란 단지 성공으로 가는 하나하나의 계단 곧 디딤돌에 불과한 것입니다. 우리의 사고방식을 "모든 것이 합력하여 선을 이룬다" (로마서 8:28) 즉 '실패도 합력하여 성공을 이룬다'로 바꾸어 생각할 때 실패를 두려워하지 않고 새로운 시도를 할 수 있습니다. 이 진리 위에 서 있을 때 우리는 자유해집니다.

하나님께서 자꾸 무언가 새로운 것을 해야겠다는 마음을 주실 때 우리는 더 빨리 순종할 수 있습니다. 처음 시작은 '정말 하나님이 시키신 것 맞나?'라는 생각이 들 만큼 미약하더라도 그 작은 몸짓 하나가 나중에 우리의 삶 가운데 하나님의 큰 태풍으로 오는 것을 우리는 경험하게 될 것입니다.

새 일을 행하실 하나님을 찬양합니다.

사람의 끝은 하나님의 시작이다

"찬송하리로다

그는 우리 주 예수 그리스도의 하나님이시요 자비의 아버지시요

모든 위로의 하나님이시며 우리의 모든 환난 중에서 우리를 위로하사

우리로 하여금 하나님께 받는 위로로써 모든 환난 중에 있는 자들을

능히 위로하게 하시는 이시로다

그리스도의 고난이 우리에게 넘친 것 같이 우리가 받는 위로도

그리스도로 말미암아 넘치는도다

우리가 환난 당하는 것도 너희가 위로와 구원을 받게 하려는 것이요

우리가 위로를 받는 것도 너희가 위로를 받게 하려는 것이니

이 위로가 너희 속에 역사하여 우리가 받는 것 같은 고난을

너희도 견디게 하느니라

너희를 위한 우리의 소망이 견고함은

너희가 고난에 참여하는 자가 된 것 같이

위로에도 그러할 줄을 앎이라"(고린도후서 1:3-7)

위의 말씀에서 '위로'라는 단어가 10번이 나옵니다.

성경 말씀 다섯 절에서 '위로'라는 단어가 10번 나온다는 것은 그만큼 우리를 위로하기 원하시는 하나님의 의지가 강하다는 뜻입니다. 우리는 사람을 완전하게 이해할 수 없기 때문에 우리의 능력으로는 온전하게 위로할 수 없습니다. 그래서 하나님의 능력으로 우리가 위로하기를 주님이 원하십니다.

주님은 우리에게 고난을 허락하셔서 이 땅에 위로의 포도주로 쓰시기를 원하는 사람들을 일으키십니다. 주님은 시대마다 하나님의 사람들을 일으키십니다. 그 일으키시는 과정이 고난입니다.

포도가 완전히 으깨져야지만 포도주를 만들 수 있습니다. 포도주를 만들 수 있는 효모는 포도 껍질 표면에 있는 반면 포도즙은 껍질 안쪽에 있습니다. 그래서 껍질이 깨어질 만큼 짓밟고 또 짓밟아 완전히 으깨졌을 때 포도주가 탄생합니다. 껍질이 깨지지 않았을 때는 그대로 말라서 건포도가 됩니다.

이 땅에서도 자식이 고난을 당하면 부모의 마음이 찢어지듯이 하나님 아버지께서도 우리가 고난을 당하면 마음 아파하십니다. 그럼에도 불구하고 하나님은 우리가 수많은 사람들에게 위로의 포도주가 되기를 원하시므로 고난을 허락하십니다. 그래서 깨어지고, 또 깨어지고, 또 깨어지면서 '사람은 할 수 없으되 하나님은 하실 수 있습니다'라는 것을 철저하게 배운 사람들로 일어나게 하십니다.

우리가 고난을 당하고 어려움을 당한 그 영역이 아버지께서 쓰고자 하시는 영역이 될 수 있습니다. 그래서 우리는 무조건 '그는 흥하여야 하겠고 나는 쇠하여야 하리라'는 세례(침례) 요한의 고백처럼 나 자신이 더 깨어지고, 없어지고, 죽고, 오직 예수로 사는 사람이 되기 위하여 아버지 하나님 앞에 나아가야 합니다. 고난의 목적은 자기 자신을 의지하지 않고 오직 하나님만 의지하도록 우리를 만들어 가시는 것입니다.

요셉은 꿈을 해석하는 은사 곧 능력을 가지고 어떻게든 감옥에서 벗어나려 했을지 모르지만 결국은 실패하게 됩니다. 그는 2년 동안 감옥에 있으면서 혼까지 묶여 있는 상태가 되고 많은 소망들이 깨어지고 또 깨어지면서 안 되는 것들을 경험하게 됩니다. 고린도후서에서 사도 바울이 사형 선고를 받은 것처럼 요셉도 사형 선고를 받은 것 같은 상태 곧 죽음 앞에서는 인간이 아무것도 할 수 없는 상태가 된 것입니다.

하지만 사도 바울은 고백합니다.

"내가 사형 선고를 받은 것 같지만 거기서 하나님께서 건지셨고,
또 건지실 것이며, 이후에도 건지시기를 바라노라"(고린도후서 1:9-10)

고난을 많이 당하면 당할수록 더 많은 사람들을 위로할 수 있는 것이 하나님 나라의 법칙입니다. 우리가 다양한 고난을 받았으면 하나님께서는 다양한 부분에서 더 많이 우리를 사용하실 수 있으십니다. 인간의 모든 것이 끝났을 때 즉 사형 선고를 경험했을 때 그때가 위로의 하나님을 만날 때입니다.

믿음으로 산다는 것은 우리 안에 있는 자신의 모든 근거를 다 뽑아 버리고 우리의 모든 힘의 근거를 오직 주님 안에서만 찾는 것입니다. 즉 우리의 모든 근거를 다 뽑아 버리고 "주님께서 하셨습니다. 주님만이 소망입니다. 아버지의 약속만이 소망입니다"라고 고백하는 것입니다. 그리고 말씀이 응할 때까지 하나님께서는 우리의 혼의 영역을 단련하신다는 것을 믿는 것입니다. 그것은 다른 말로 인간의 끝은 하나님의 시작이라는 의미입니다.

우리는 끝을 너무 많이 경험했습니다.
이제 위로의 아버지께서 우리의 삶 가운데 더욱더 분명히

함께하시며 우리의 잃어버린 그 모든 부분을 반드시 회복시키실 것입니다. 그것이 하나님 아버지의 마음입니다.

우리를 향한 아버지 하나님의 사랑입니다.

"아픔, 실패, 연약함 모두 다 가지고 오너라. 내가 다 감당하기를 원하노라. 내가 다 책임져 주기를 원하노라"라고 말씀하십니다.

"이제 너의 삶 가운데 내가 크게 일어날 것이라. 이 약속의 부르심 가운데 이제는 그 약속의 땅, 여호와의 산 그 정상에 너희들을 세울 것이다. 새로운 성령의 역사의 시작이라. 성령의 역사를 인정하고 성령의 역사를 갈망하고 내 앞으로 더 나아오라. 내가 너희에게 직접 이야기할 것이고 내가 너희를 직접 만질 것이고 내가 너희 삶에 무너진 많은 부분들을 보수할 것이다. 회복시킬 것이다."

이것이 우리를 향한 아버지의 마음입니다.

자녀들의 반복적인 실패, 반복적인 안 됨에 대해, 아버지 하나님께서 약속을 주셨지만 그 아버지의 약속이 반복적으로 이루어지지 않는 모든 것들을 아버지께서는 이제 깨뜨리기를 원하십니다. 아버지께서는 이제 이루시기를 원하십니다. 여호와 하나님께서 이제 일어나셔서 하나님의 하나님 됨을 보이시기를 원하십니다.

이제는 아버지 하나님 앞에 믿음으로 새롭게 반응해야 할 때입니다. 하나님께서는 우리의 겨자씨만 한 그 작은 믿음을 받으시어 크게 역사하시고 큰 산들을 옮기시기를 원하십니다.

아버지 하나님께서 온전히 이루실 것입니다.

겨울에서 봄으로

"그가 또 기근을 불러 그 땅에 임하게 하여
그 의뢰하는 양식을 다 끊으셨도다
한 사람을 앞서 보내셨음이여 요셉이 종으로 팔렸도다
그 발이 착고에 상하며 그 몸이 쇠사슬에 매였으니 곧 여호와의 말씀이
응할 때까지라 그 말씀이 저를 단련하였도다"(시편 105:16–19)

"그의 몸이 쇠사슬에 매였으니…."

몸이 쇠사슬에 묶여 있어도 생각의 영역에서는 마음껏 다른 곳으로 나아갈 수 있습니다. 예를 들어 감옥에 갇힌 자라도 맛집에 가 있을 수 있고 고향에 가 있을 수도 있습니다.

"그의 몸이 쇠사슬에 매였으니…."

여기서 몸이라고 번역된 히브리어 '네페쉬'는 '혼'을 뜻하고 '쇠사슬'이라고 번역된 히브리어 '바르젤'은 '압박, 힘'을 뜻합니다.

지금 요셉의 상태를 히브리어로 직역하면 '혼이 압박 가운데 묶여 있어서 아무것도 할 수 없다'는 뜻입니다. 소망 자체가 아무것도 없는, 혼이 절망의 힘에 꽁꽁 묶인 상태에 요셉이 있는 것입니다.

언제까지입니까?
하나님의 말씀이 임할 때까지입니다.
아버지 하나님께서는 우리의 연약함을 친히 담당하시며 약속을 주신 분께서 그 약속을 온전히 이루시기를 원하십니다. 이 요셉의 상태가 고린도후서 1장의 사도 바울의 상태와 비슷한, 사형 선고를 받은 상태입니다.

"왜 사형 선고라고 했느냐?" 하면 죽음은 인간의 힘으로는 빠져나올 수 없는 상황이기 때문에 사도 바울은 사형 선고라고 한 것입니다.
하나님만이 우리를 죽음에서 건질 수 있는 유일하신 분입니다. '나는 할 수 없다'를 철저히 배운 사람이 말씀이 응할 때를, 하나님이 행하실 때를 기다리는 것입니다.
그런데 신앙의 여정은 수동과 능동이 같이 갑니다. 요셉처럼 '나는 할 수 없다'라는 것을 철저히 배웠더라도 약속의 땅으로 들어갈 때는 능동적으로 움직여야 합니다.
"너희가 여리고성을 돌아라, 너희가 마지막에는 7번 돌고 외치라"(여호수아 6:3-5)라고 하십니다.

많은 사람들이 '나는 할 수 없다'를 배우는 겨울에는 모든 것을 다 동원해도 되지 않는 반복적인 실패를 경험합니다. 겨울에는 나무에 모든 잎사귀들이 지고 앙상한 가지만 남듯이 우리의 모든 것이 무너집니다.

우리가 느낄 수 있는 믿음도 다 떨어지고 보이지 않습니다. 그러나 하나님 나라의 계절이 바뀌면 우리는 믿음으로 다시 나아가야 합니다. 겨울엔 마치 나무가 죽은 것 같지만 봄이 되면 다시 생명의 싹이 보이기 시작합니다. 보이지 않는 뿌리에 믿음이 감춰져 있습니다.

성경에는 "스스로 아무것도 할 수 없다"(요한복음 5:19)라는 말씀도 있지만 "내게 능력 주시는 자 안에서 내가 모든 것을 할 수 있다"(빌립보서 4:13)라는 말씀도 있습니다.

말씀이 때를 따라 적용되어야 합니다.

위로의 하나님이 일을 하신다고 선포하십니다.

이때 우리가 해야 할 일들은 우리가 해야 합니다.

많은 사람들이 겨울을 통과하면서 계절이 바뀌었는데도 불구하고 계속 겨울 가운데 머물기에 하나님의 때를 놓칩니다. 하나님을 믿고 행해야 할 때도 행하지 않고 계속 소극적인 상태로 머물러 있습니다.

그래서 하나님과의 친밀함은 너무나 중요합니다.

하나님께서는 반복적으로 듣게 하십니다. 그런데 우리가

깨어 있을 때에만 반복적인 하나님의 음성을 하나님의 음성으로 알아차리고 아버지의 전략으로 나아갈 수 있습니다. 요셉과 같이 "나는 매여 있어서 아무것도 할 수 없다"라는 이 영역에 아버지 하나님께서 모든 쇠사슬을 끊어 버리시는 때가 위로의 하나님으로 나타나시는 때입니다.

우리가 하나님 나라의 계절이 바뀌었음에도 여전히 겨울의 영역에 머물고 있다면 하나님께서는 "나의 사랑 나의 어여쁜 자야, 일어나 함께 가자. 계절이 바뀌었기 때문에 이제 네가 능동적으로 움직일 때다. 겨울 동안에 네가 움츠리고 움츠렸지만 이 나무들이 겨울 동안에 물의 근원으로 뿌리가 더욱더 깊이 내려가듯이 네가 그 시간들을 보냈으면 이제는 행동을 취해야 할 때다"라고 말씀하십니다.

때를 따라 일하시는 하나님을 찬양합니다.
위로의 하나님께서 이제는 일어나십니다.
위로의 하나님께서 우리의 삶을 강타하실 것입니다.
우리의 삶 가운데 새로운 강물을 부어주실 것입니다.

하나님께서 회복을 위하여 모든 상황을 다스리신다

"룻이 가서 베는 자를 따라 밭에서 이삭을 줍는데

우연히 엘리멜렉의 친족 보아스에게 속한 밭에 이르렀더라"(롯기 2:3)

'엘리멜렉'의 히브리어 뜻은 '나의 하나님은 왕이시다'입니다. 하나님께서는 아버지의 뜻을 이루시려고 밖에서 일어나는 우리의 모든 상황을 완벽하게 다스리십니다. 언제 우리가 누구를 만나야 하며, 어디에 있어야 할지를 명확하게 아시는 분이 하나님이십니다.

또한 우리 삶의 회복과 부요함을 위해 그분은 지금 밭에서 준비하고 계십니다.

밭은 어떤 영역일까요?

밭은 일하는 영역입니다. 농부들이 일하고, 심고 거두는 영역입니다.

'룻'의 히브리어 뜻은 '아름다움, 뛰어남'이고, 룻은 또한 신부인 우리를 상징합니다. 신랑 되신 예수님은 신부인 우리를 죽기까지 사랑하셨습니다. 사랑하는 우리와 한시도 떨어지기 싫으셔서 임마누엘 하나님으로 오셨습니다.

하나님이 우리의 모든 상황 가운데 함께 하시기 때문에 하나님께서 일하시는 것이 우리의 삶에 나타날 수밖에 없습니다.

하나님은 인간과는 비교할 수 없을 정도로 뛰어난 일을 이루십니다. 따라서 예수님의 신부 된 우리의 삶 가운데 뛰어남이 나타날 수밖에 없습니다.

이것을 우리는 간증이라고 부릅니다.

위의 말씀에서도 인간의 관점에서 보면 우연히 밭에 들어간 것 같지만 하나님의 관점에서 보면 하나님께서 완벽하게 다스리셨기 때문에 룻이 보아스의 밭에 들어가게 된 것입니다. 우리의 삶 가운데 많은 것들이 우연인 것 같지만 사실은 하나님께서 다스리고 계십니다.

룻은 겨우 이삭을 주워 연명하는 상태였습니다.
지금 우리의 삶이나 한국교회의 상황은 룻이 겨우 이삭을 주워 먹는 상황과 같습니다. 겨우 망하지 않으려고 버티고 있지만 하나님의 계획은 우리가 그분의 신부이기 때문에 우리 삶 가운데 뛰어남이 나타나는 곳으로 초대하시며 그 일은 밭에서 준비하고 계십니다.

과부로 살았던 룻이 보아스와 만나 결혼하면서 가정의 영역에서 회복이 일어나고 아들을 낳았듯이 우리 삶 가운데서도 교회가 하나님의 약속들을 출산하게 됨으로 약속의 실제들을 경험하게 될 것입니다.

또한 겨우 연명하던 룻이 보아스를 만남으로 부요하게 됩니다.
솔로몬의 성전에는 두 기둥이 있는데 왼쪽 기둥의 이름은

'보아스'이고 오른쪽 기둥의 이름은 '야긴'입니다. '보아스'는 '그에게 능력이 있다'는 뜻이고 '야긴'은 '그가 세울 것이다'라는 뜻입니다. 즉 솔로몬 성전의 두 기둥 '보아스'와 '야긴'은 '하나님에게 능력이 있고 하나님께서 세우신다'는 뜻입니다.

신약시대에는 우리가 하나님의 성전입니다.

하나님의 능력으로 하나님께서 우리를 세우실 것입니다. 우리가 손바닥을 뒤집는 것이 쉽듯이 하나님께는 우리의 상황을 뒤집는 것이 손바닥 뒤집는 것보다 더 쉽습니다.

'보아스'는 예수님을 상징합니다. 룻이 보아스를 만남으로 삶이 회복되듯이 신부인 우리가 예수님을 만남으로 삶이 회복될 것입니다.

2장

하늘에 앉히운 자

우리는 하나님의 충만함이다

"또 만물을 그 발 아래 복종하게 하시고 그를 만물 위에

교회의 머리로 주셨느니라

교회는 그의 몸이니 만물 안에서 만물을 충만케 하시는 자의

충만이니라"(에베소서 1:22-23)

　우리의 정체성은 놀라운 정체성입니다.

　우리가 예수님을 믿는 순간 우리의 운명은 최고의 운명으로 바뀝니다. 바로 예수님의 운명으로 바뀌는 것입니다. 왜냐하면 예수님이 우리의 머리이시고 우리가 예수님의 몸이기 때문입니다. 운명이 머리 따로, 몸 따로는 있을 수 없습

니다.

머리와 몸은 한 운명으로 같이 가게 됩니다.

예수님의 몸인 우리, 곧 교회가 하나님의 성전이 된 순간 우리는 가장 좋은 인생을 갖게 됩니다.

머리가 생각한 모든 계획은 몸을 통해 이루어집니다.

우리의 머리 되신 예수님의 모든 계획은 몸 된 우리를 통해 이루어집니다. 너무나 좋고 훌륭한 예수님의 놀라운 계획, 우리가 생각할 수도 없는 기이한 계획, 모든 상황을 뒤집을 수 있는 일들을 역전의 명수이신 예수님께서 우리를 통해서 이루십니다.

우리의 정체성은 예수님을 믿고 천국 가는 것을 넘어서 만물 안에서 만물을 충만하게 하시는 하나님의 충만함이며, 우리 한 사람 한 사람이 가는 곳마다 만물이 충만해지는 것입니다. 예수님이 우리의 머리가 되시고, 예수님의 운명이 우리의 운명이 된 순간 우리는 만물을 충만하게 하는 하나님의 충만함이고 이것이 교회인 우리의 정체성입니다.

"그 안에는 신성의 모든 충만이 육체로 거하시고
너희도 그 안에서 충만하여졌으니
그는 모든 통치자와 권세의 머리시라"(골로새서 2:9-10)

예수님은 "내 멍에는 쉽고 가볍다. 내게 와서 배우라"라고 말씀하셨습니다.

"나는 마음이 온유하고 겸손하니

나의 멍에를 메고 내게 배우라

그리하면 너희 마음이 쉼을 얻으리니

이는 내 멍에는 쉽고 내 짐은 가벼움이라"(마태복음 11:29-30)

　당시 유대인의 농경문화에서는 새끼 소가 일을 배울 때 어미 소와 한 멍에를 매고 일을 했는데 실제적으로는 어미 소가 일을 다 했습니다. 새끼 소는 멍에를 매고 어미 소를 따라다닐 뿐이었습니다.

　이와 마찬가지로 예수님과 우리가 한 멍에를 맬 때 예수님이 일을 다 하시기 때문에 쉽고, 예수님이 다 메고 가시기 때문에 가벼울 수밖에 없습니다.

　예수님과 더 깊은 연합이 일어나면서 내 안에 계신 예수 그리스도가 우리의 삶 가운데 살아서 나타나시고 그분이 우리의 삶 가운데 역사하시면 30배, 60배, 100배의 열매를 맺는 것도 어렵지 않습니다.

만물을 충만하게 하기 위하여
우리를 먼저 광야로 인도하신다

"이러므로 사람이 부모를 떠나 그 아내와 합하여
그 둘이 한 육체가 될지니 이 비밀이 크도다
내가 그리스도와 교회에 대하여 말하노라"(에베소서 5:31-32)

사도 바울이 많은 진리들을 깨달았지만 그 진리 가운데서
도 이 진리는 큰 진리, 큰 비밀이라고 말하고 있습니다.

하나님께서는 우리가 예수님의 몸이 된 순간 예수님과 똑
같이 인도하십니다. 하늘 문이 열리고 하나님의 음성이 들
리고 은혜가 더 충만해지면서 성령 충만해질 때 하나님은
우리를 먼저 광야로 이끄십니다. 예수님이 성령 충만해져
서 광야로 이끌림을 받으셨듯이 우리도 광야로 이끄시는 것
입니다. 우리는 주와 합하여 한 영이 되었습니다. 이제 우리
몸 안에는 우리도 살고 예수님도 사시는데 그분이 계신 장
소는 우리의 영 안입니다.

예수님이 살아 있는 생수로 우리 안에서 이 세상에 흘러
나오셔야 합니다.

흘러나오셔서 하나님의 하나님 되심을 나타내셔야 하는
데 문제는 우리 마음이 육의 생각으로 닫혀 있다는 것입니
다. 만물을 충만하게, 만물이 생명으로 넘치게 하시기를 원

하시는데 우리 마음이 이기적이고 변덕이 죽 끓듯 하며 툭 하면 삐치고, 염려하기 때문에 우리 마음이 막혀서 우리 때문에 일을 못 하십니다. 그래서 하나님은 우리를 너무나 사랑하시지만 광야로 인도하시는 것입니다.

광야에서는 우리가 상하고 깨어진 마음을 갖게 되고 우리의 소망 없음을 보게 됩니다. 그래서 우리의 참 소망이신 오직 예수님만을 바라보게 되고 예수님만을 의지하게 됩니다.

이 단계가 멍에를 함께 매는 단계입니다.

새끼 소는 어미 소가 좋아서 그냥 같이 있는 것이고 일은 어미 소가 다 하지만 그 상급은 함께 받습니다. 하나님께서는 우리의 힘을 빼시려고 광야로 인도하십니다. 지극히 높으신 곳에 계신 하나님이 이 땅에 거하실 곳을 찾으시는데 우리의 힘 빠진 마음 상태가 예수님께서 찾으시는 상한 심령입니다.

우리가 예수님을 믿고 거듭나면 우리의 영 안에 성령님이 계십니다. 성부 하나님께서 불꽃같은 눈으로 보시고 사람 안에 성령님이 계시면 천국, 안 계시면 지옥으로 구분을 하실 겁니다. 또한 우리가 이 땅에서 어떻게 행하였는지에 따라 영원한 상급을 받게 되는데 예수님과 함께 멍에를 매고 생수의 강물이 충만하게 흘러가면 많은 상급을 받게 되지만 내 생각, 내 고집이 세면 안에 계신 성령님이 흘러가지 못합니다.

고집이 센 사람들 가운데 하나님의 긍휼하심으로 가끔 은혜를 주셔서 하나님이 살아계시다는 것을 나타내십니다. 하나님께서는 우리에게 자주 나타나셔서 우리를 회복시키시기를 원하시는데 충만하게 자주 나타나는 사람들의 특징은 마음이 깨어진 자들입니다.

그래서 고난이 유익이 되는 것입니다.

만물을 충만하게 하시기 위한 전략은 우리를 먼저 광야로, 고난으로 이끄시는 것입니다. 고린도후서 4장 17절에는 "우리가 잠깐 겪는 고난과 환난이 하나님의 영광을 이룬다"라고 말씀하십니다. 영광은 만물이 충만해지는 것입니다.

오벧에돔의 집에 여호와의 궤가 3개월 있으니 거기에 있는 가족들은 물론 가축들, 심지어 땅까지 축복을 받습니다. 이 사건은 만물이 충만해지는 것을 그대로 보여줍니다. 이 여호와 하나님의 궤가 곧 하나님의 임재를 뜻하는데 지금 하나님이 우리와 함께 하십니다. 그 하나님이 우리를 통하여 생수의 강으로 흘러가기를 원하십니다.

그렇다면 풍성함과 충만함을 막는 것은 무엇일까요?

먼저 질병이 있습니다. 질병은 풍성한 삶을 막습니다.

하나님은 몸인 우리를 통하여 하나님의 뜻을 이루기 원하십니다.

"믿음의 기도는 병든 자를 구원하리니 주께서 그를 일으키시리라"

(야고보서 5:15)

믿음의 기도는 예수님과 멍에를 매고 있는 우리가 하는 것이고 실제로는 주님께서 일으키시는 것입니다. 예수님께서 일하십니다.

가난도 풍성함과 만물의 충만함을 방해합니다.
하나님께서는 우리를 통하여 재정의 축복이 흘러가기를 원하십니다.
귀신에 매여 있어도 충만한 삶을 살 수 없기 때문에 우리를 통하여 귀신을 쫓아내는 사역을 하시기 원하십니다.
우리를 통하여 전도의 미련한 것으로 지옥 가는 영혼들을 구원하기를 원하십니다.
이렇게 하나님의 충만함이 우리를 통하여 이 땅 가운데 흘러가기를 원하십니다.

하나님의 계획에는 실패라는 것이 없다

"허물로 죽은 우리를 그리스도 예수와 함께 살리셨고

(너희가 은혜로 구원을 얻은 것이라)

또 함께 일으키사 그리스도 예수 안에서 함께 하늘에 앉히시니"

(에베소서 2:5-6)

"하나님이 이르시되 우리의 형상을 따라 우리의 모양대로

우리가 사람을 만들고 그들로 바 다의 물고기와 하늘의 새와 가축과

온 땅과 땅에 기는 모든 것을 다스리게 하자 하시고"(창세기 1:26)

시편에 "하늘은 하나님의 것이고 땅은 인간에게 주셨다"라는 말씀이 있습니다.

하나님은 우리를 하나님의 형상으로 만드셨습니다.

하나님은 다스리시는 분이십니다.

인간을 하나님의 형상으로 만드셨기 때문에 에덴동산에 있는 아담에게 지구를 통치할 권세를 주시고 이름도 짓게 하셨습니다. 그런데 아담이 사탄에게 통치 권세를 자진 납세했습니다. 그래서 바울의 서신서에 "이 세상의 신이 사탄"이라고 나와 있는 것입니다.

하나님은 사탄을 이 세상의 신으로 만들 계획이 없으셨습니다. 아담이 하나님의 말씀에 순종하지 않고 사탄의 미혹에 넘어가서 사탄의 말에 순종했기 때문에 사탄에게 통치권을 넘겨 준 것입니다.

하나님의 계획에는 실패라는 것이 없습니다.

인간으로 하여금 이 땅을 다스리게 하자는 처음의 계획대로 인간을 다시 하나님의 형상으로 회복시켜 주시려고 마지막 아담인 예수님을 인간의 대표로 보내주셨습니다.

예수님은 우리의 죗값을 모두 치르시고 삼일 만에 부활하셔서 통치권을 다시 합법적으로 빼앗아 오셨습니다.

"하늘과 땅과 땅 아래 있는 모든 것이 예수 이름 앞에 무릎 꿇을 수밖에 없다"라고 성경은 말씀하고 있습니다. 예수님은 하늘로 올라가시면서 만물이 다 무릎 꿇을 수밖에 없고 만물을 충만하게 하는 예수 이름의 권세를 교회인 우리에게 주셨습니다.

에베소서에는 우리가 하늘에 앉혀있다고 기록되어 있는데 이것은 보좌의 영역이며 다스림의 영역입니다. 주님은 우리가 예수님 안에서 이 땅을 다스리기를 원하십니다. 하늘에 앉힌 자의 정체성을 가지고 살아간다는 것은 예수 이름의 권세를 가지고 이 땅을 다스리고 정복한다는 의미와 동일합니다. 그렇다면 하나님께서 귀신도 쫓아낼 수 있는 이 권세를 언제 주셨을까요?

권세와 능력이 만나면 항상 권세가 이긴다

"영접하는 자 곧 그 이름을 믿는 자들에게는
하나님의 자녀가 되는 권세를 주셨으니"(요한복음 1:12)

기도를 세게 한다고, 봉사를 많이 한다고, 귀신을 쫓는 권세를 주시는 것이 아닙니다.

단지 예수님을 영접하기만 하면, 우리가 그분을 왕으로 마음 중심에 영접하기만 하면 그때부터 하늘과 땅과 땅 아래 모든 것이 무릎을 꿇을 수밖에 없는 예수님의 권세를 우리에게 주신다는 것입니다.

예수님의 권세는 우리의 권세입니다.

우리가 복음을 알면 알수록 우리 한 사람 한 사람이 어마어마한 존재라는 것에 동의할 수밖에 없습니다. 그러나 복음을 떠나서는 초라하고 열등감에 사로잡히게 됩니다. 우리나라 안에서 한국의 대통령의 권세는 대단합니다. 하지만 하나님은 한국과 미국 두 나라의 대통령들과 중국 주석과 온 세상 권력자들의 권세를 다 합친 것과도 비교할 수 없는 더 큰 권세인 예수님의 권세를 우리에게 주셨습니다. 우리는 권세를 잘 이해해야 합니다. 권세와 능력이 만나면 항상 권세가 이깁니다.

예를 들어 보겠습니다.

키 160cm에 몸이 가녀린 여자가 있습니다.

이에 반해 키가 180cm도 넘고 얼굴도 험하게 생긴, 온몸에 문신이 있는 근육질의 남자가 있습니다.

이 남자는 10톤 덤프트럭을 운전합니다. 이 사람은 도로에서 너무 험하게 운전을 해서 다른 사람들이 다 무서워하고 피합니다. 그런데 가녀린 여자가 이 운전자를 손가락 하나로 오라고 손짓합니다.

험악한 운전자는 이 여자 앞에 차를 세웁니다. 그리고 여자 앞에서 꼼짝 못 합니다. 이 여자는 나라에서 권세를 준 교통경찰입니다. 이 남자가 힘도 있고 다른 차를 압도할 만큼 큰 차를 운전하지만 이 여자 앞에서는 힘을 쓰지 못합니다. 권세와 능력이 마주쳤을 때는 권세가 이깁니다.

한 가지 예를 더 들어보겠습니다.

마을에서 못된 짓을 도맡아 하는 무리가 있습니다. 이들은 싸움도 잘하고 돈도 많습니다. 아무도 이들을 건드리지 못합니다. 나쁜 쪽으로는 머리도 비상합니다. 그래서 많은 사람들이 이들 때문에 고통을 당하고 있습니다.

그런데 돈도 없어 보이고 세력도 없어 보이는 평범한 남자가 이 마을에 나타났습니다. 이 남자는 이 무리들을 도저히 이길 수 없어 보입니다. 하지만 이 남자가 품 안에 감춘 마패를 꺼내 들고 "암행어사 출두야"라고 외칩니다. 갑자기 여기저기서 사람들이 나와서 이 무리들을 소탕합니다. 임금님이 주신 암행어사 마패가 이 악한 세력들을 넉넉히 이깁니다. 이 마패에 해당되는 것이 우리에게 주신 예수 이름의 권세입니다.

권세는 쓰면 쓸수록 잘 작동합니다.

누구에게는 예수 이름의 권세를 더 크게 주고 누구에게는 예수 이름의 권세를 더 작게 준 것이 아닙니다. 운전면허처럼 운전을 많이 하면 운전을 더 잘하게 되는 것입니다. 똑같은 운전면허지만 우리가 처음에 차를 운전할 때는 잘하지 못합니다. 하지만 운전을 하면 할수록 끼어들기도 쉬워지고, 주차도 쉬워집니다. 똑같은 면허의 권세이지만 운전을 많이 한 사람과 초보 운전자와는 많은 차이가 납니다.

예수 이름의 권세도 마찬가지로 쓰면 쓸수록 귀신을 더 잘 쫓아낼 수 있습니다. 예수님을 영접하는 순간 가장 놀라운 권세를 우리 모두에게 주셨고 우리가 적극적으로 활용하기를 원하십니다. 그전에는 우리가 마귀를 당해낼 수 없었지만 이제는 우리가 대적하면 저들은 쫓겨 나갈 수밖에 없습니다.

우리는 모두 왕 같은 제사장들입니다. 왕이나 대통령은 비행기를 조종할 수 없어도 권세를 통하여 명령하면 수년간의 전문교육과 전문 훈련을 받은 조종사 덕분에 원하는 곳에 갈 수 있습니다.

그래서 선포의 능력이 중요합니다.

시편 말씀에는 능력 있는 천사들이 여호와의 말씀 소리를 듣고 그 능력을 사용합니다.

"능력이 있어 여호와의 말씀을 행하며 그의 말씀의 소리를 듣는 여호와의 천사들이여 여호와를 송축하라"(시편 103:20)

"여호와를 찾는 자는 모든 좋은 것에 부족함이 없으리로다"(시편 34:10)

이 말씀으로 기도하고 권세로 선포하면 그것이 어떻게 이루어질지 우리는 모릅니다. 하지만 거기에 해당하는 전문가들이 붙어서 이 말씀을 이루어 냅니다. 이것이 하늘에 앉히운 자의 삶이고 하나님 형상이 회복된, 다스리는 자의 삶입니다.

신대원에서 수업을 받을 때 유난히 제 마음에 들어왔던 가르침이 있습니다.

연필심과 다이아몬드는 똑같이 탄소로 구성되어 있습니다. 하지만 그 구조가 어떻게 배열됐는지에 따라 조금만 힘을 줘도 뚝뚝 부러지는 약한 연필심이 되거나 이 세상에서 가장 강한 물질 가운데 하나인 다이아몬드가 된다고 합니다. 다이아몬드는 너무 강해서 다이아몬드를 깎아 내거나 조각을 할 때는 다른 물질로 하지 못하고 인조 다이아몬드를 사용한다고 합니다.

이 구조 배열에 해당되는 것이 우리의 생각입니다.

어떤 생각을 가지고 있느냐에 따라서 아주 약한 사람이 되기도 하고 아주 강한 사람이 되기도 합니다. 마찬가지로 우리 모두는 진리의 관점에서 하늘에 앉아 있는 놀라운 권세를 가지고 있는 자들이지만 우리가 이 진리에 동의하고 이 생각을 가지고 있어야 예수 이름의 권세가 현실에 나타납니다.

제가 하나님을 믿은 지 3년째 되던 해 창원의 집회에 가게 되었습니다. 그런데 기상악화로 비행기가 결항이 될 상황이 되자 그 교회 담임 목사님께서 기차를 타고 오라고 전화를 하셨습니다. 그때 저는 예수 이름의 권세를 사용하여 날씨를 다스려서 비행기로 가겠다고 말씀드렸습니다. 그 목사님께서는 당황하셨지만 저는 예수 이름의 권세로 충분히 선포하고 김포공항에 갔습니다.

공항에 가보니 다른 항로들은 기상악화로 인해 다 결항이 되었지만 제가 선포한 서울 – 김해공항 노선만 운항을 하고 있었습니다. 김해공항에 내리니 그곳 날씨는 마치 봄처럼 온화했습니다.

예수 이름의 권세를 놀랍게 체험한 순간이었습니다.

하지만 지금 똑같은 상황에서 선택을 하라고 하면 저는

기차를 선택할 겁니다. 당시에는 뉴스에서 기상예보를 보는데 마음속 깊은 곳에서 예수 이름의 권세로 날씨를 잠잠하게 꾸짖어야겠다는 생각이 올라왔습니다. 예수님이 풍랑을 잠잠하게 하신 것처럼 저도 해야겠다는 마음이 들었던 것 같습니다.

결국은 저의 믿음이 아닌 당시 하나님께서 주신 믿음으로 선포했던 것입니다. 이때는 하나님이 저에게 예수 이름의 권세를 가르쳐 주시려고 큰 은혜를 주셨던 것 같습니다. 지금은 예수 이름의 권세를 귀신과 질병, 문제를 쫓아낼 때 사용하고 있습니다. 자연환경에는 거의 사용하지 않습니다.

예수 이름의 권세를 믿지 못하고 사탄을 두려워할 때 우리는 영적 전쟁에서 항상 패배하게 됩니다.
하나님은 우리가 승리하길 원하십니다.
마귀를 대적하길 원하십니다.
더 이상 마귀에게 얻어터지길 원치 않으십니다.
사탄은 예수 이름의 권세를 사용하여 우리가 쫓아내야 합니다.
예수 이름의 권세를 우리에게 주신 하나님 아버지의 마음은 우리가 영적 전쟁에서 승리하여 기쁨을 맛보고 자유함을 맛보기를 원하십니다.
또한 전쟁에서 승리하면 전리품이 있습니다.

강한 적을 이길수록 그 적이 갖고 있던 많은 것을 취할 수 있습니다.

하나님이 주신 놀라운 말의 권세

"이튿날 저희가 베다니에서 나왔을 때에

예수께서 시장하신지라 멀리서 잎사귀 있는 한 무화과나무를 보시고

혹 그 나무에 무엇이 있을까 하여 가셨더니

가서 보신즉 잎사귀 외에 아무 것도 없더라

이는 무화과의 때가 아님이라

예수께서 나무에게 일러 가라사대

이제부터 영원토록 사람이

네게서 열매를 따 먹지 못하리라 하시니

제자들이 이를 듣더라"(마가복음 11:12-14)

예수님은 무화과나무가 때가 아니기 때문에 열매를 맺지 못하는 것을 알고 계셨지만 무화과나무를 저주하셨습니다.

예수님은 가장 뛰어난 교사이십니다. 완벽한 교사이십니다. 이 사건을 통하여 제자들이 가장 효과적인 시청각 교육을 하길 원하신 것입니다.

"저희가 아침에 지나갈 때에 무화과나무가 뿌리로부터 마른 것을 보고

베드로가 생각이 나서 여짜오되

랍비여 보소서 저주하신 무화과 나무가 말랐나이다

예수께서 대답하여 저희에게 이르시되

하나님을 믿으라 내가 진실로 너희에게 이르노니

누구든지 이 산더러 들리어 바다에 던지우라 하며

그 말하는 것이 이룰줄 믿고 마음에 의심치 아니하면

그대로 되리라"(마가복음 11:20-23)

하나님은 우리가 하나님의 자녀가 되는 순간 예수님의 권세를 우리에게 주셨기 때문에 우리의 말에는 권세가 있습니다.

우리는 이 땅에서 왕 같은 제사장입니다.

왕의 말에는 권세가 있습니다.

성경은 "혀의 권세에 죽고 사는 것이 달려있다"(잠언 18:21)라고 말씀하고 있습니다.

왕 정도는 되어야 죽고 사는 권세를 갖게 되는 것이지 종들의 혀의 권세에 죽고 살지는 않습니다. 우리는 지금 왕의 권세를 가지고 있기에 "말하는 것이 이루어질 줄 믿고 마음에 의심하지 아니하면 그대로 되니라"(마가복음 11:23)라는 말씀을 믿고 선포하면 우리가 선포하는 대로, 우리가 말하는 대로 됩니다. 하나님은 우리에게 말하는 대로 되는 왕의 권세 곧 예수 그리스도 이름의 권세를 주셨습니다.

위의 말씀은 우리의 삶 가운데 어려운 일인 '산'이 있으면 그 산은 저 바다로 던져지고 장애물들은 제거되라고 선포하면 그 장애물들은 말의 권세에 의해서 무너질 것이라고 가르쳐 주고 있습니다.

이 권세는 하나님께로부터 온 초자연적인 권세입니다. 자연적인 현상에서 일어나는 것이 아닙니다. 하루가 지나고 다음 날 예수님과 제자들이 저주받은 무화과나무 옆을 지나갈 때 뿌리부터 말라있는 무화과나무를 보게 됩니다.

자연적인 영역에서는 잎사귀부터 마르게 됩니다. 하지만 하나님이 주신 초자연적인 말의 권세로부터 말랐기 때문에 뿌리로부터 말랐습니다.

미국의 치유사역자 중에 이 말씀대로 "암은 뿌리로부터 말라 없어져라"라고 선포하여 많은 사람들을 치유하신 분도 계십니다.

초자연적인 권세가 너희에게 이미 임하였으니 마음껏 사용하라고 예수님이 가르치고 계십니다.

야고보서에는 "두 마음을 품은 자, 즉 의심하는 자는 주께 아무것도 받을 것을 생각하지 말라"(야고보서 1:6-9) 라고 말씀하고 있습니다.

위 본문에서도 "그 말하는 것이 이루어질 줄 믿고 마음에 의심하지 않으면 이루어진다"라고 말씀합니다. 하지만 우리는 산더러 바다에 던져지라고 선포하면 제일 먼저 '정말 그대로 될까?'라고 생각합니다.

제가 처음 이 구절을 가지고 기도할 때 "마음에 의심치 아니하면"이라는 말씀이 없었으면 좋겠다는 생각을 했습니다. '조금 의심해도 이루어졌으면 좋겠다'는 것이 솔직한 제 마음이었습니다. 하나님께 기도 응답은 받고 싶어 기도를 하면 자꾸 마음 안에 의심이 들었습니다. 하나님은 우리에게 "오직 믿음으로 구하고 조금도 의심하지 말라"(야고보서 1:6)라고 하시지만 불신앙 가운데 태어난 우리에게는 쉽지 않은 말씀입니다.

　하지만 기쁜 소식이 있습니다.
　"마음에 의심치 아니하면…."
　이 말씀에서 '마음'은 헬라어로 '영의 마음'을 뜻합니다.
　우리 거듭난 영은 하나님의 말씀과 성령님으로 거듭났기 때문에 우리 영의 마음 안에는 불신앙이 없습니다. 우리 영은 완전하게 구원받았습니다. 따라서 죄의 영역인 불신앙이 우리 영 안에는 없습니다. 내 거듭난 영의 마음에서 선포한 것은 불신앙이 없기 때문에 이루어질 수밖에 없다고 우리가 믿으면 되는 것입니다. 믿음의 영역은 느껴지는 것을 떠나는 것입니다.

　우리의 혼의 마음이 더 요동치고 의심하더라도 내 영의 마음은 불신앙이 없기 때문에 의심하지 않고 믿고 있다고 믿으면 됩니다. 성경에서 말씀하고 있고 우리가 그렇다고 믿으면 그것은 우리에게 실제가 됩니다.

하나님께서는 우리가 말의 권세를 사용하기를 원하십니다.

풍랑이 일어 예수님을 깨우고 두려워하는 제자들에게 "어찌하여 무서워하느냐 믿음이 작은 자들아"(마가복음 4:40)라며 꾸짖으셨습니다. 믿음이 하나님의 말씀 위에, 반석 위에 있어야 하는데 그들이 환경을 보고 있는 것을 꾸짖으시는 것입니다. 예수님은 간음하다가 현장에서 잡혀온 여인조차도 꾸짖지 않으셨습니다. 하지만 예수님은 우리들이 믿음이 없을 때 꾸짖으십니다.

"여호와께서 모세에게 이르시되 너는 어찌하여 내게 부르짖느뇨
이스라엘 자손을 명하여 앞으로 나가게 하고 지팡이를 들고
손을 바다 위로 내밀어 그것으로 갈라지게 하라"(출애굽기 14:15-16)

성경에 위급할 때 내게 부르짖으면 그 부르짖음을 듣고 내가 너희를 구해준다는 말씀이 있습니다. 지금 이스라엘 백성은 앞에는 홍해가 막고 있고 뒤에서는 애굽 군대가 쫓아오고 있는 위급한 상황 가운데 있습니다. 망하기 일보 직전입니다.

크리스천들은 망하기 일보 직전에 무엇을 해야 합니까?

하나님 앞에 부르짖는 것입니다.

살려달라고 부르짖는 것입니다.

그런데 여기서는 뜬금없이 하나님께서 모세에게 "왜 내게 부르짖느냐?"라고 하십니다.

하나님께서는 우리가 이런 절체절명의 위기 상황일 때 "아버지 도와주세요"라고 매달리는 기도만 하는 것을 원하지 않으시고 우리에게 주신 권세를 사용하기를 원하십니다.

"모세가 바다 위로 손을 내어민대 여호와께서

큰 동풍으로 밤새도록 바닷물을 물러가게 하시니

물이 갈라져 바다가 마른 땅이 된지라"(출애굽기 14:21)

우리가 하나님의 몸이기 때문에 몸을 통하여 하나님의 뜻을 이루시기를 원하십니다. 우리에게 준 다스리는 권세를 사용하기를 원하십니다. 하나님은 우리가 모세에게 준 권세 곧 지팡이를 사용하기를 원하십니다. 하나님은 밤새 동풍이 일어나게 하셔서 마른 땅을 만들어 주시고 쉽게 건너가게 해주십니다.

하나님은 도와주실 때 확실하게 도와주십니다.

땅이 마르지 않으면 걷기가 상당히 불편합니다. 우리가 편하게 걸을 수 있도록 세미한 부분까지도 다 배려해 주시는 분이 우리가 믿고 따르는 하나님이십니다.

우리가 권세를 사용해서 선포할 때 우리 인생의 홍해를 갈라주시고 마른 땅으로 만들어 주십니다. 어려울 때 부르짖는 것뿐만 아니라 그 권세로 말하는 것이 이루어질 줄 믿고 선포하며 더욱더 하나님의 형상으로 회복되어 이 세상을 다스리며 살아가기를 원하십니다.

이 권세는 초자연적인 권세이기 때문에 영적인 대적들을 넉넉히 쫓아낼 수 있고 또한 우리 마음에서 떠나가야 할 묶임 같은 것들을 모두 예수 이름의 권세로 끊어낼 수 있습니다.

하나님께서는 우리들 가운데 있는 질병도 예수그리스도의 권세로 고치기를 원하십니다. 우리 사역의 모델이 되신 예수님께서는 베드로의 장모의 중한 열병을 꾸짖으셔서 고쳐주셨습니다.

빛 + 어둠 = 빛

"내가 너희에게 뱀과 전갈을 밟으며 원수의 모든 능력을 제어할 권세를 주었으니 너희를 해할 자가 결단코 없으리라"(누가복음 10:19)

원수도 능력을 갖고 있지만 예수님은 원수의 모든 능력을 제어할 권세를 우리에게 주셨습니다. 능력과 권세가 만나면 항상 권세가 이깁니다.

원수도 우리를 병들게 하고 가난하게 할 능력이 있습니다. 환경들을 공격할 능력이 있습니다. 관계를 악화시킬 수 있습니다. 하지만 그들에게 당하고 있지 말고 "너희를 해할 자가 결단코 없으니 예수의 이름으로 너희 집에 들어온 침략자들을 쫓아내라"라고 말씀하십니다. 우리의 집에 들어온 악한 영들을 예수그리스도의 권세로 쫓아내기를 원하십니다.

초신자일 때는 사역자의 도움을 받을 수도 있습니다.

하지만 우리 집안에 대한 권세는 목사님이나 사역자들이 갖고 있는 것이 아니라 우리에게 주셨기 때문에 우리가 쫓아내야 합니다.

영적 전쟁에 대한 세미나에 갔다가 하늘에 있는 정사의 세력과는 절대 혼자 싸워서는 안 된다는 내용을 배웠습니다. 그리고 얼마 후에 외국에서 온 예언 사역을 하시는 목사님이 한 목사님에게 목사님의 교회 위에 큰 정사의 세력이 있어서 목회가 어렵다는 말씀을 하셨습니다. 그 자리에 저도 함께 있었는데 그때 갑자기 성령님께서 저에게 그 교회에 가서 그 세력들을 쫓아내라는 감동을 주셨습니다.

저는 하나님이 어떤 감동을 주셨다고 제가 먼저 전화하거나 말하지 않습니다. 이번에도 조용히 기도만 하고 있었습니다. 얼마의 시간이 지난 후에 그 목사님은 직분자들만을 위한 하루 집회를 할 계획이라고 하시면서 저를 집회 강사로 초대하셨습니다.

집회 당일이 되어서 교회 주차장에 차를 세웠습니다.

그때 갑자기 영적 전쟁 세미나에서 배운 내용이 생각났습니다. 정사의 세력과 혼자 싸우다 죽거나 불구가 되거나 크게 다친 예들이 생각이 나면서 순간적으로 두려움이 밀려왔습니다. 그래서 저는 기도를 꾸준히 하시는 분들에게 중보기도를 부탁하려고 전화를 했는데 아무도 전화를 받지 않았습니다.

저는 '혼자서 싸우면 안 되는데 큰일 났다'라고 생각하니 불안한 마음이 가득 밀려왔습니다. 그때 성령님의 세미한 음성이 들렸습니다.

"너 더하기 할 줄 아니?"

"네, 더하기는 할 줄 알죠."

"빛 더하기 어둠은 뭐니?"

잠깐 생각해 보니 빛과 어둠이 만나면 항상 빛이었습니다. 그래서 대답했습니다.

"빛이죠."

[빛 + 어둠 = 빛]

성령님은 영적 전쟁을 이 터 위에 세우라고 하셨습니다.

어둠은 결코 빛을 이길 수 없습니다.

아무리 깜깜한 어둠이라도 우리가 형광등을 켜면 어둠은 다 물러갑니다. 어둠의 세력 가운데 높은 계급인 정사라 할지라도 우리를 결단코 해할 자가 없습니다.

이날 저는 조금도 두려움 없이 하나님이 주신 말씀을 선포하고 사역을 했습니다.

이때는 제가 전도사였는데 몇 달 후에 목사 안수를 받았습니다. 목사 안수를 받는 날 그 교회 사모님을 만났습니다.

사모님이 저에게 교회의 대 예배당에 들어가면 항상 두렵고 섬뜩했는데 그때 집회 이후로 그런 마음이 없어졌다고 하셨습니다.

우리가 광야를 벗어나려면 여호수아와 갈렙처럼 "적들은 아무것도 아니다 사탄은 우리의 밥이다"(민수기 14:9)라는 하나님 나라의 사고방식을 가지고 있어야 합니다. 어둠의 영들과의 싸움에서 우리를 해할 자는 결단코 없습니다.

이미 주신 권능도 믿음의 스위치를 켰을 때 작동된다

"예수께서 그의 열 두 제자를 부르사 더러운 귀신을 쫓아내며 모든 병과 모든 약한 것을 고치는 권능을 주시니라"(마태복음 10:1)

위 말씀에서는 이미 제자들이 모든 권능을 받았습니다.

그럼에도 불구하고 아래와 같은 일이 발생합니다.

"주여 내 아들을 불쌍히 여기소서 저가 간질로 심히 고생하여
자주 불에도 넘어지며 물에도 넘어지는지라 내가 주의 제자들에게
데리고 왔으나 능히 고치지 못하더이다
예수께서 대답하여 가라사대 믿음이 없고 패역한 세대여
내가 얼마나 너희와 함께 있으며 얼마나 너희를 참으리요
그를 이리로 데려오라 하시다 이에 예수께서 꾸짖으시니 귀신이 나가고
아이가 그때부터 나으니라
이 때에 제자들이 조용히 예수께 나아와 가로되
우리는 어찌하여 쫓아내지 못하였나이까 가라사대
너희 믿음이 적은 연고니라
진실로 너희에게 이르노니 너희가 만일 믿음이 한 겨자씨 만큼만 있으면
이 산을 명하여 여기서 저기로 옮기라 하여도 옮길 것이요
또 너희가 못할 것이 없으리라"(마태복음 17:15-20)

이미 주신 권능도 믿음의 스위치를 켰을 때 작동됩니다.
제자들이 이미 권능을 받았지만 믿음의 스위치를 제대로
켜지 못했기 때문에 귀신을 쫓아내지 못했습니다. 예수님이
귀신을 쫓아내셨을 때 제자들이 예수님께 "왜 우리는 쫓아
내지 못했습니까?"라고 여쭙니다.
이때 예수님의 대답은 "믿음이 없고 패역한 세대여"라고
하시며 믿음이 적은 연고라고 말씀하셨습니다.

믿을 때 하나님이 마음껏 역사하십니다.

하나님은 제자인 우리를 통하여 만물을 충만하게 하시기를 원하시는데 우리 때문에 걸림돌이 되니까 믿음 없이 살지 말고 정신 차리고 살라고 사랑의 훈계를 하시는 것입니다.

마가복음 9장 29절에서는 "기도 외에 다른 것으로는 이런 종류가 나갈 수 없다"라고 하시고 또 다른 버전의 성경에서는 "기도와 금식 외에는 이런 종류가 나갈 수 없다"라고 나와 있습니다.

그런데 왜 앞에서는 "믿음이 없어서"라고 이야기하셨는데 여기서는 "기도와 금식"을 말씀하시나요?

기도를 계속 하다 보면 믿음이 생깁니다.

기도와 금식 가운데 우리를 전진하지 못하게 하는 불신앙의 영역들이 계속 잘라지게 되고 하나님에 대한 믿음이 계속 생기게 됩니다. 모든 병이 귀신에 의한 것은 아니나 그 질병이 악한 귀신들에 의한 것이면 하나님은 우리가 그것들을 쫓아내기를 원하십니다.

하나님 나라에서 가장 작은 자도 엘리야보다 크다

"내가 진실로 너희에게 말하노니 여자가 낳은 자 중에 세례 요한보다

큰 이가 일어남이 없도다 그러나 천국에서는 극히 작은 자라도

그보다 크니라"(마태복음 11:11)

지금도 유대인들은 엘리야를 가장 큰 선지자로 봅니다.

엘리야의 영으로 온 세례(침례) 요한은 율법의 마지막 주자라고 사복음서에서 이야기합니다. 율법을 나타내기 위해서 구약에서 가장 위대한 엘리야의 영으로 온 세례 요한을 여자가 낳은 자 중에서 가장 큰 자라고 하는데 신약시대의 하나님 나라에서는 "극히 작은 자라도 이 세례 요한보다 크다"라고 합니다.

우리 모두는 최소한 엘리야보다 크신 부르심입니다.

세례 요한은 모태에서부터 성령 충만했지만 우리는 예수님이 성령님으로 태어나신 것처럼 성령님으로 태어났습니다. 우리는 하나님의 DNA를 가지고 태어난 것입니다. 그래서 하나님의 형상으로 자라갈 수밖에 없습니다.

태어난 것 자체가 다르기 때문에 구약에 엘리야가 아무리 강한 능력을 펼쳐도 예수님의 권세에 비하면 턱없이 작은 권세로 사역을 합니다.

신약시대에는 아무리 작은 자라도 예수 그리스도의 권세를 가지고 사역을 하기 때문에 엘리야와는 비교도 할 수 없는 훨씬 큰 자일 수밖에 없습니다.

가장 놀라운 것 가운데 하나는 하나님은 의인의 기도를 들으시는데 구약에는 보혈의 능력이 없었지만 신약에는 보

혈의 능력을 우리에게 주셨기에 그것을 믿으며 어떠한 죄든지 회개를 하면 예수님과 동일한 의인으로 인정받게 됩니다. 그러므로 우리의 기도는 역사하는 힘이 클 수밖에 없습니다. 우리의 정체성은 이렇게 놀라운 것입니다.

"예수께서 저희에게 이르시되 내 아버지께서 이제까지 일하시니
나도 일한다 하시매 유대인들이 이를 인하여 더욱 예수를 죽이고자 하니
이는 안식일만 범할 뿐 아니라 하나님을 자기의 친아버지라 하여
자기를 하나님과 동등으로 삼으심이러라"(요한복음 5:17–18)

예수님께서 하나님이 내 친아버지라고 이야기했다고 유대인들이 예수님을 죽이려고 합니다. 개의 새끼는 개, 소의 새끼는 소, 사람의 자식은 사람입니다. 신의 아들은 신입니다. 예수님이 "내 아버지는 신이라"라고 말씀하신 것은 "내가 신이고 하나님이라"라고 하신 것입니다. 그래서 유대인들은 예수님이 자기를 하나님과 동등하게 삼는다고 신성 모독죄로 예수님을 죽이려고 한 것입니다. 우리도 하나님의 아들 곧 신의 아들입니다.

"성경은 폐하지 못하나니 하나님의 말씀을 받은 사람들을
신이라 하셨거든"(요한복음 10:35)

이 세상에 신은 오직 여호와 하나님 한 분밖에 없습니다.

위 본문에서 이야기하는 신은 조금 다른 개념입니다.

고린도후서 4장에서 "이 세상 신은 사탄"이라고 이야기합니다.

하나님이 아담에게 "이 땅을 정복하고 다스리라"라고 주신 권세를 아담이 사탄의 말에 유혹되어 사탄에게 갖다 바쳤습니다. 하지만 사탄의 권세는 이미 십자가에서 깨어졌습니다. 그래서 그 권세가 예수님에게 넘어왔고 예수님께서 그 권세를 믿는 우리들에게 다시 주셨습니다.

이제는 하나님의 말씀을 받아서 말씀으로 거듭난 우리가 이 세상 신이었던 사탄과 그 졸개들을 쫓아낼 수 있는 다스리는 위치에 있습니다. 말씀을 받은 신이 된 우리는 예수 그리스도 안에서 하늘에 앉히운 자 곧 하나님의 대리 통치자가 되어서 세상을 통치하게 된 것입니다. 따라서 사탄은 우리의 밥이 될 수밖에 없습니다. 하지만 사탄은 이 진리를 모르는 자들을 자기 밑에 가두고 그 권리를 행사합니다.

"베드로가 이르되 은과 금은 내게 없거니와 내게 있는 이것을 네게 주노니 나사렛 예수 그리스도의 이름으로 일어나 걸으라 하고"

(사도행전 3:6)

태어날 때부터 못 걷는 사람이 있었습니다.

이 사람은 사람들에게 구걸하기 위하여 성전에 앉아 있었습니다. 그런데 베드로가 이 사람에게 예수 그리스도의 이름으로 명령하자 발에 힘이 생기고 일어나 걸으며 뛰며 하나님을 찬양했습니다. 이 일로 인하여 솔로몬 행각에 있던 많은 사람들이 몰려듭니다. 우리는 하나님의 능력이 나타나면 저 사람에게 무언가 원인이 있을 거라는 종교적인 생각을 먼저 합니다. 그러면서 그 사람을 주목하게 됩니다.

> "베드로가 이것을 보고 백성에게 말하되 이스라엘 사람들아
> 이 일을 왜 놀랍게 여기느냐 우리 개인의 권능과 경건으로
> 이 사람을 걷게 한 것처럼 왜 우리를 주목하느냐"(사도행전 3:12)

"우리가 아니다. 우리에게 원인이 있는 것이 아니라 이는 예수 이름의 비밀이다. 예수의 이름으로 이것은 충분히 일어날 수 있는 일이다. 우리가 어떠한 삶을 살았고, 우리가 하나님 앞에 얼마나 공로가 있느냐는 아무 상관이 없다"라고 말하고 있는 것입니다.

위의 말씀에서 베드로는 개인의 권능과 경건으로 걷게 한 것이 아니라고 말하고 있습니다. 하지만 우리는 지금도 동일하게 어떠한 사람을 통하여 하나님의 큰일이 나타나면 저 사람은 굉장히 경건한 생활을 했을 거라고 추측하고 사람에게 근거를 두는데 이것은 우리의 종교적인 생각입니다.

> "그 이름을 믿음으로 그 이름이 너희가 보고 아는 이 사람을

성하게 하였나니 예수로 말미암아 난 믿음이 너희 모든 사람 앞에서

이같이 완전히 낫게 하였느니라"(사도행전 3:16)

개인의 권능과 경건으로 능력이 나타나는 것이 아님을 알

수 있습니다.

우리와는 상관이 없습니다.

십자가의 공로로, '예수'의 이름으로 충분합니다.

베드로는 예수 그리스도의 이름의 권세를 믿었고 거기서

나온 믿음을 통하여 단 한 번도 걸어본 적이 없는 자를 낫게

했다는 것입니다. 우리에게 조금도 근거가 없다고 성경은

계속 이야기하고 있습니다.

능력이 나타나는 것이 달음박질하는 자로 말미암음도 아

니고 원하는 자로 말미암음도 아니며 오직 우리를 긍휼히

여기시고 부르시는 하나님으로 말미암음이기에 십자가에

서 이미 다 이루신 것을 우리가 믿음으로 취하여 살아가기

를 원하십니다.

오직 '예수' 이름에 능력이 있습니다.

오직 보혈에 능력이 있습니다.

'예수'의 이름으로 충분합니다.

3장

믿음의 길

치유는 하나님의 뜻이다

"이에 그 누이들이 예수께 사람을 보내어 이르되 주여 보시옵소서
사랑하시는 자가 병들었나이다 하니 예수께서 들으시고 이르시되
이 병은 죽을 병이 아니라 하나님의 영광을 위함이요 하나님의 아들이
이로 말미암아 영광을 받게 하려 함이라 하시더라"(요한복음 11:3-4)

우리는 하나님이 목숨까지 바쳐서 사랑한 자들이기에 그
리스도인이 살다가 병이 들면 치유하기를 원하시는 것이 하
나님의 마음입니다. 예수님께서는 이 땅에 하나님의 뜻을
행하러 오셨습니다. 사복음서를 보면 예수님은 예수님 앞에
나아온 병자들을 다 고쳐주셨습니다. 그 사람의 부족함과

연약함을 탓하지 않으시고 모두 고쳐주셨습니다.

우리는 예수님을 보면서 하나님의 뜻을 알 수 있습니다.
예수님께서 이 땅에 오신 이유 가운데 하나는 하나님의
뜻을 온전히 행하기 위함입니다. 따라서 하나님은 모든 병
든 자들이 치유받기를 원하시며 그들의 병이 치유될 때에
하나님께서 영광을 받으십니다. 우리가 병 고침을 받을 수
있는 근본적인 이유는 예수님께서 채찍에 맞으셨기 때문입
니다.

"그가 채찍에 맞으므로 우리는 나음을 받았도다"(이사야 53:5)

그리고 야고보서 5장 15절에는 "믿음의 기도는 병든 자를 구원
하리니 주께서 그를 일으키시리라"라고 기록하고 있습니다.
야고보서에서는 치유를 '구원'이라고 말합니다.
구원 안에는 영혼 구원은 물론이고 치유, 어려운 환경에
서 건짐 받는 것도 포함됩니다. 믿음의 기도는 우리가 하지
만 치유는 오직 예수님이 하시기 때문에 하나님께만 영광을
돌리게 됩니다.
한 번은 금요철야 예배를 드리는데 뒤쪽에서 채찍 맞는
소리가 제 귀에 분명하게 들렸습니다. 그래서 눈을 뜨고 뒤
를 돌아보았지만 아무것도 보이지 않았습니다.

그때 갑자기 하나님의 사랑이 부어지면서 예수님께서 "나의 희생을 헛되게 하지 말라"라고 말씀하셨습니다. 예수님이 맞으신 채찍은 채찍 끝에 쇳조각, 동물 뼈 조각들이 달려 있어서 예수님의 살점을 떨어져 나가게 하고 신경을 손상시켰습니다. 이 아픔은 말로 다 표현할 수 없는 고통이었을 것입니다. 그럼에도 불구하고 예수님이 채찍에 맞으시며 고통을 참아내신 이유는 우리를 낫게 하시기 위함입니다.

하나님의 마음은 우리의 영혼이 잘 됨 같이 범사가 잘 되고 건강하게 살기를 원하십니다.

어떤 부모가 자식이 질병 가운데 살기를 원하겠습니까?

우리는 질병에 걸렸을 때 당연히 병원에 가서 치료를 받습니다. 대부분 "이 병에서 낫는 것이 하나님의 뜻입니까?"라고 기도한 후 응답을 받고 병원에 가지 않습니다.

우리가 병에 걸렸을 때 우리는 그 질병과 싸워 이겨서 하나님의 형상을 회복시켜야 합니다. 하나님의 생명은 완전하고 건강한 생명이기에 하나님 나라에는 병자가 없습니다. 우리가 어떤 질병에 걸리건 질병에서 낫는 것이 하나님의 뜻입니다. 우리의 모델은 예수님이 되어야 합니다. 예수님은 치유가 필요한 사람에게 "너는 회개가 더 필요해. 너의 의가 아직도 많아. 영적으로 더 성장하고 나면 치료해 줄게"라고 하시며 치유를 거절하신 적이 없으십니다. 불쌍히 여기시고 안타깝게 여기시는 것이 하나님 아버지의 마음입니다. 우리가 치유에 대해서 선한 싸움을 하지 않을 때 주님의 희생을 헛되게 만드는 것입니다.

병원에서 고칠 수 있는 병은 병원에 가서 치료받으면 됩니다. 하지만 병원에서 못 고치는 병에 걸린 사람이 교회에 와서 계속해서 치유가 일어남으로 예수님을 알게 되고 예수님을 아는 만큼 더욱더 사랑하게 되는 일은 하나님께서 기뻐하시는 일입니다. 이러한 과정들을 통하여 자연스럽게 하나님의 나라가 확장되기 때문입니다.

돌을 옮겨 놓으라

"예수께서 이르시되 돌을 옮겨 놓으라 하시니 그 죽은 자의 누이 마르다가 이르되 주여 죽은 지가 나흘이 되었으매 벌써 냄새가 나나이다"(요한복음 11:39)

신앙생활에서 가장 중요한 것 중 하나는 하나님께서 하실 일이 있으시고 우리가 해야 할 일이 있다는 것입니다.

돌을 옮겨 놓는 것은 인간이 해야 할 일입니다. 나사로의 시체가 있는 동굴은 우리 힘으로 할 수 없다는 것을 깨닫는 자리입니다. 앞에서 주님은 "죽을 병이 아니다"라고 말씀하셨지만 나사로가 죽었습니다. 이처럼 주님이 말씀하셨고 주님이 약속하셨지만 정반대의 상황들이 이루어지기도 합니다.

나사로가 있는 장소는 죽은 지 4일 된 곳으로 생명, 믿음, 소망이 없는 장소입니다. 아무것도 없는 그 장소 안으로 예수님은 들어가시길 원하십니다.

우리 삶 가운데 이것만큼은 이루어지지 않을 거라고 생각하는 그 영역, 그 장소에서 예수님은 돌을 옮겨 놓으라고 말씀하십니다. 그 장소 안으로 예수님은 들어가시길 원하십니다.

돌이 무엇입니까?

돌은 딱딱합니다. 돌은 생명이 없습니다.

이 돌이 예수님을 막고 있는 것입니다.

"그들의 총명이 어두워지고 그들 가운데 있는 무지함과 그들의 마음이 굳어짐으로 말미암아 하나님의 생명에서 떠나 있도다"(에베소서 4:18)

돌은 굳어진 마음을 상징합니다.

굳어지고 생명에서 떠나 있는 마음을 이야기합니다.

믿음만이 세상을 이길 수 있는데 믿음이 없을 때 우리는 패배하고 상처를 입게 됩니다. 이때 우리 마음에 힘이 없고, 우울하며, 낙심하며, 빼앗긴 것으로 인하여 화가 나며, 잘못된 부분이 잘 보이고 감사하지 않게 됩니다. 이때의 처방약으로 하나님은 "범사에 감사하라"라고 말씀하십니다.

우리의 연약함은 감정을 따라가기 쉬운데 심리학에서 밝혀졌듯이 감정은 생각을 따라옵니다. 어떠한 생각을 갖느냐에 따라서 하나님 나라의 감정인 기쁨과 평안으로 바뀌게 됩니다. 그래서 가장 치열한 영적 전쟁터가 우리의 생각의 영역입니다. 사탄은 어떻게 하든지 우리를 낙심하고 감사가 없는 자리 곧 기쁨과 평안이 없는 자리에 묶어 놓으려고 합니다.

로마서 1장 18절에 '불의로 진리를 막는 사람들'이라는 말씀이 있습니다.

돌의 세 번째 특징이 예수님을 막고 있는 것입니다.

하나님을 믿는 것이 진리의 영역에서 '의'입니다. 거꾸로 말하면 하나님을 믿지 않는 것이 '불의'입니다.

로마서 1장 말씀에서 인간이 하나님을 막을 수 있다고 이야기합니다. 진리이신 예수님을, 하나님을 막고 있는 것입니다. 예수님은 전능하신 능력으로, 무제한적인 성령님의 능력으로 모든 자들을 치유하셨지만 치유할 수 없는 자들도 있었습니다. 안 하시는 것이 아니라 치유를 할 수 없는 사람들이 있었습니다. 이들은 바로 불의로 진리를 막는 사람들이었습니다.

"거기서는 아무 권능도 행하실 수 없어 다만 소수의 병자에게

안수하여 고치실뿐이었고 그들이 믿지 않음을 이상히 여기셨더라"

(마가복음 6:5-6)

하나님이 이상하게 생각하는 사람들이 있습니다.

표준 새 번역 성경으로 보면 "하나님께서 놀랍게 여기셨다"라고 표현합니다. 하나님께서 이상히 여기고, 놀랍게 여긴 사람들은 믿지 않는 사람들입니다.

왜 전능하신 하나님께서 하실 수 없었을까요?

예수님께서는 성부 하나님의 뜻만 온전히 이루시려고 오셨습니다. 성부 하나님의 뜻은 구원을 은혜로 이루시기 위하여 믿음을 통하여 구원하시기로 계획을 세우셨습니다.

예수님께서 십자가에서 구원에 대한 모든 것을 이루셨고 치유에 대한 모든 것을 다 이루셨지만 이 구원은 믿는 자들에게만 임하게 됩니다. 영원한 천국과 지옥으로 갈라지는 영혼에 대한 구원조차도 믿음을 통하여 이루시기 때문에 믿지 않는 사람들은 구원받지 못하는 것입니다. 성부 하나님께서 그렇게 정하셨기 때문에 예수님께서도 믿지 않는 그 사람들에게는 치유의 권능을 행하실 수 없으셨습니다. 믿지 않는 것이 불의입니다. 믿지 않는 사람들이 불의로 진리 곧 예수님을 막고 있는 것입니다.

하나님께서는 우리를 도와주셔서 우리 삶이 회복될 때 그 누구보다도 기뻐하십니다.

부모는 자녀들의 삶이 잘 될 때 본인의 삶이 잘 될 때보다 더 기뻐합니다.

하나님께서도 마찬가지로 우리의 삶이 하나님의 도우심으로 말미암아 더욱더 하나님의 뜻대로 잘 될 때 기뻐하십니다. 믿지 않는 것은 불의로 진리를 막는 것입니다.

하나님의 뜻이 이루어지지 못하도록 하는 것입니다.

그래서 성경에는 "믿음이 없이는 하나님을 기쁘시게 하지 못하나니"(히브리서 11:6)라고 말씀하고 있습니다. 왜냐하면 하나님은 자녀가 잘 될 때 너무나 기쁘신데 자녀의 믿음을 통하여 역사하시기 때문입니다.

"오직 의인은 믿음으로 말미암아 살리라"(로마서 1:17)

"네가 믿으면 하나님의 영광을 보리라"(요한복음 11:40)

"너희 믿음대로 되라"(마태복음 9:29)

이것이 하나님의 계획입니다.

유명한 신학자의 말 중에 '성도의 웃는 얼굴 속에 하나님의 영광이 나타난다'라는 말이 있습니다. 우리의 삶이 영혼이 잘 됨같이 범사가 잘 되고 강건할 때 아버지께서는 기뻐하십니다.

네가 믿으면 하나님의 영광을 보리라

"예수께서 이르시되 내 말이 네가 믿으면
하나님의 영광을 보리라 하지 아니하였느냐 하시니"(요한복음 11:40)

돌을 옮겨 놓는 행동은 불신앙을 치워버리고 믿기로 결단하는 것입니다. '믿음의 삶을 살리라, 믿음의 선한 싸움을 싸우리'라고 결단하는 것입니다. 아무리 울면서 열심히 기도해도 하나님의 영광을 볼 수가 없습니다. 하나님께서 정하신 유일한 길은 믿음의 길입니다.

하나님의 영광을 보기 원하십니까?

"네가 믿으면 하나님의 영광을 보리라."

이 말씀대로 믿으면 됩니다.

외국의 어떤 목사님은 걷지도 못하는 병에 걸려서 하루 종일 울면서 기도해도 불치병에서 벗어나지 못했지만 믿기로 결단한 후, 걷지도 못하는 그 상황에서 침대 밑으로 내려오셨습니다. 그분은 '예수님께서 채찍에 맞음으로 나는 나음을 입었다. 나는 이제 오직 믿음으로만 행동한다'라고 결단하고 행동했을 때 하나님의 치유가 임하면서 불치병에서 벗어나신 것입니다.

우리 역시 삶 가운데 믿음의 삶을 살기로 결단할 때 은혜가 더 풍성해질 것이고 우리를 불쌍히 여기시고 도와주시는 하나님의 역사가 더욱더 분명하게 나타나게 될 것입니다.

우리는 성경의 말씀을 그대로 따라가야 합니다. 오직 믿을 때 성경의 수많은 약속을 실제적으로 체험하게 될 것입니다.

"모든 사람이 죄를 범하였으매

하나님의 영광에 이르지 못하더니"(로마서 3:23)

"의심하고 먹는 자는 정죄되었나니

이는 믿음을 따라 하지 아니하였기 때문이라

믿음을 따라 하지 아니하는 것은 다 죄니라"(로마서 14:23)

하나님의 영광에 이르지 못하게 하는 것은 죄입니다.

죄는 하나님의 영광에 이르지 못하도록 우리의 발목을 꽉 붙잡고 있습니다. 그런데 믿음으로 하지 않은 모든 것은 다 죄입니다. '믿음이 조금 없어도 하나님이 긍휼로, 은혜로 그냥 해주실 수 있잖아요'라고 우리는 생각할 수 있습니다. 하지만 하나님은 말씀대로 행하십니다. 왜냐하면 말씀이 곧 하나님이시고 예수님이시기 때문입니다. 믿음으로 하지 않은 모든 것은 다 죄가 되기 때문에 하나님의 영광에 이르지 못합니다.

모든 것을 다 해도 사탄은 가만히 있지만 믿음의 길을 가면 사탄은 집중적으로 공격합니다. 왜냐하면 사탄의 나라

에 위험한 존재가 되기 때문입니다. 믿음을 빼앗아 초전박
살 내기 위해서 좋지 않은 일들을 만들면서 총공격을 가합
니다.

그러나 하나님보다 강하신 분은 없습니다. 하나님은 우리
의 방패이시기 때문에 사탄의 어떠한 공격도 넉넉히 이길
수 있습니다.

사탄의 권세는 십자가에서 이미 완전히 깨어졌고 예수님
이름의 권세에 떠나갈 수밖에 없습니다. 하지만 "마귀를 대적
하라 그리하면 너희를 피하리라"(야고보서 4:7)라는 말씀 바로 앞에
"하나님께 순복하라"라는 말씀이 나와 있기에 우리는 먼저 하
나님께 순복해야 합니다. 탈영한 소대장의 명령을 듣는 부
하들은 없습니다. 우리 자신이 먼저 하나님의 통치 아래 있
어야 합니다.

영적 전쟁에서 반드시 필요한 것은 주 예수님의 보혈의
능력입니다.

조금이라도 하나님께 순복하지 않은 것은 철저하게 보혈
로 깨끗이 씻고 회개(자백-요한일서 1:9 참고)한 다음 나가서 싸워
야 합니다. 그렇게 할 때 마귀를 넉넉히 이길 수 있습니다.
매일매일 믿음으로 살지 못한 것이나 염려하고 불안해한 것
들을 회개(자백)하는 것이 중요합니다.

너는 하나님께 소망을 두라

"내 영혼아 왜 내속에서 불안해하고 낙망하는가

너는 하나님께 소망을 두라 그가 나타나 도우심으로 말미암아

나는 여전히 찬양하리로다"(시편 42:5)

　자기를 볼 때, 또는 환경을 볼 때 우리는 불안하고 낙망합니다. 하나님께만 소망을 두고 하나님만을 바라볼 때 우리는 믿음의 영역에 있는 것이기 때문에 하나님께서 나타나셔서 도우심으로 말미암아 여전히 찬양하게 됩니다.

　"항상 기뻐하라"(데살로니가전서 5:16)라고 말씀하셨는데 우리가 믿음 가운데 살 때는 하나님이 점점 더 기대가 되고 은혜가 더 부어지고 우리를 긍휼히 여기시는 그분의 사랑이 더 부어져서 환경은 바뀌지 않아도 계속 감사 가운데로 평안 가운데로 나아가게 됩니다.

　평안은 우리를 소원의 항구로 인도하는 영적인 항로입니다.

　"저희가 평온함을 인하여 기뻐하는 중에 여호와께서 저희를

　소원의 항구로 인도하시는도다"(시편 107:30)

　믿음의 영역은 하나님의 통치가 더 분명히 나타나는 영역입니다. 하나님이 우리를 더 분명히 다스리시면 우리 마음은 기쁨과 평안으로 가득 차고 감사가 넘쳐납니다. 하지만

짜증이 나고 힘이 든다면 믿음의 영역에 있는지 먼저 살펴보아야 합니다.

믿음의 길이 곧 거룩의 길입니다.

믿음은 하나님의 말씀을 들음으로 생깁니다.

우리가 하나님의 말씀을 계속 선포할 때 믿음이 생깁니다. 우리의 믿음을 키우기에 가장 좋은 말씀 선포는 우리로부터 시선을 돌려서 하나님께서 하신다는 "하나님께서 다스리신다, 하나님께서 이루신다"와 같은 의미의 말씀이고 이것을 틈날 때마다 반복해서 선포하면 믿음이 자라게 됩니다.

만물 가운데 가장 부패한 우리에게는 소망이 없습니다.

하나님께만 소망이 있습니다. 하지만 하나님께서는 전지하심으로 이런 우리의 모습을 다 알고 부르셨습니다. 우리의 못난 모습, 연약한 모습을 다 알고 부르셨기에 그것조차도 합력하여 선을 이루실 하나님께만 소망을 둡시다. 우리의 삶 가운데 하나님의 하나님 되심을 보이시고 나타내실 것입니다. 그가 나타나 도우심으로 말미암아 하나님께만 소망을 두는 자는 강한 자입니다. 세상을 이길 수 있는 사람입니다.

하나님이 "돌을 옮겨 놓으라"라고 하실 때 우리의 이성은 먼저 일어나 반기를 듭니다.

이때 예수님은 "네가 믿으면 하나님의 영광을 보리라"라고 말씀하십니다.

믿음의 시제는 항상 현재 시제입니다.

우리 인간은 마르다와 같이 나사로가 다시 살아날 것을 믿지만 현재 시제로 믿지 않고 미래 시제로 넘겨 버립니다. 하지만 믿음의 시제는 현재이기 때문에 하나님께서는 우리가 기도하고 있는 그 순간에 응답하시기를 원하십니다.

"기도하고 구하는 것은 받은 줄로 믿으라 그리하면 너희에게 그대로 되리라"(마가복음 11:24)라는 말씀에 따르면 믿음의 씨앗은 과거형으로 심어야 합니다. 이 말씀의 의미를 더 명확히 하기 위해 저는 항상 "기도하고 구한 것은 받은 줄로 먼저 믿으라"라고 이야기합니다. 기도의 응답이 왔을 때는 믿음이 필요하지 않습니다. 하지만 응답받기 위해서는 아직 응답이 오지는 않았지만 먼저 응답됐다고 믿어야 합니다.

"예수님께서 내 삶을 온전케 하셨다"라고 과거형으로 선포할 때 믿음의 씨앗이 땅에 심겨지고 발아 타임을 거쳐 우리 삶에 열매로 나타나게 됩니다.

저는 하나님께 필요한 것을 기도드릴 때 먼저 받은 줄로 믿고 기도드리고 고백합니다.

"○월 ○일 ○시에 기도할 때 이미 응답해 주셔서 감사합니다.

이제 이 세계에 실제로 나타나기만을 기다립니다. 감사합니다. 아버지!"라고 믿음의 기도를 하고 그다음부터는 계속 하나님께서 일하시도록 선포합니다.

이렇게 해서 많은 기도 응답을 받았습니다. 왜냐하면 하나님께서는 말씀대로 역사하시는 분이시기 때문입니다.

어떤 외국 목사님이 20년 가까이 기도 응답을 한 번도 못 받았는데 자신의 기도가 잘못된 것을 깨닫고 기도를 과거형으로 바꾸고 나서 너무나 많은 기도 응답을 받고 이후 몇 권의 책을 쓰기까지 하셨습니다. 그것을 따라한 많은 사람들도 동일하게 기도 응답을 받았습니다.

모든 것이 가능한 천국의 장소

모든 것이 가능한 장소가 있습니다.
바로 믿음의 장소입니다.
사탄은 무슨 수를 써서라도 믿음을 훔쳐 가려고 합니다.
믿음의 선한 싸움은 쉽지 않습니다. 전쟁, 싸움은 쉽지 않습니다. 믿음의 싸움에서는 절대로 느낌을 따라가지 말아야 합니다. 믿음을 느끼려고 하지 않아야 합니다. 절대로 무언가를 보려고도 하면 안 됩니다.

믿음은 보이지 않고 들리지 않으며 느껴지지 않아도 하나님 말씀이 그렇다고 하시고 우리가 그렇다고 고백하고 믿는다면 그 말씀은 우리 삶에 반드시 실제가 될 수밖에 없습니다.

믿음의 싸움에서는 하나님의 말씀이 가장 강력한 무기입니다. 예수님께서도 '○○ 말씀에 가라사대'라고 하시며 말씀의 검으로 사탄을 물리치셨습니다.

우리도 말씀으로 사탄을 물리칠 수 있습니다.

환경과 많은 것들이 손해를 보고, 억울하고, 좋지 않을 때 "모든 것이 합력하여 선을 이루신다. 이 안 좋은 것조차 합력하여 선을 이룬다"라는 말씀을 붙잡고 싸워야 합니다. 선은 좋은 것입니다. 모든 것이 합력하여 더 좋은 것을 이루신다는 말씀입니다. 로마서 8장 28절의 "우리가 알거니와 하나님을 사랑하는 자 곧 그 뜻대로 부르심을 입은 자들에게는 모든 것이 합력하여 선을 이루느니라"라는 이 말씀만 믿어도 우리는 범사에 감사할 수 있습니다.

"죽은 자가 수족을 베로 동인 채로 나오는데
그 얼굴은 수건에 싸였더라
예수께서 이르시되 풀어 놓아 다니게 하라 하시니라"(요한복음 11:44)

우리는 거듭날 때 영이 거듭나는 것이기 때문에 혼과 몸의 영역은 거듭나도 그전과 똑같은 상태입니다. 우리의 영은 주님과 합하여 하나가 되어 하나님처럼 완전히 자유롭지만 혼은 손과 발이 베로 꽁꽁 묶여 있고 얼굴이 수건으로 가려져 있습니다. 그래서 우리는 진리를 알아야 합니다. 진리를 알면 알수록 우리 혼의 영역들이 더 자유해지는 것입니다.

풀어놓아 다니게 하는 것 또한 우리가 해야 할 영역입니다. 우리는 새로운 피조물이라는 진리를 알아야 합니다.

어느 날, 집회를 인도하러 가는데 하나님을 믿기 전 밤새 술 마셨던 곳을 지나게 되었습니다. 저는 옛날 생각을 하며 '술을 밤새도록 마시며 살던 저를 불러 주시고 하나님의 통로로 써주셔서 정말 감사합니다'라고 조용히 기도했습니다. 그때 갑자기 "그 안재홍은 죽었다. 넌 지금 완전히 새로운 피조물이다"라는 음성이 들렸습니다. "술 취하지 말라"라는 말씀과는 반대로 술에 취해서 죄악 가운데 살던 저는 완전히 죽고 지금 저는 완전히 다른 새로운 피조물이 된 것입니다.

성경에서 말씀하고 있는 우리의 본질은 거듭난 영이기 때문에 "옛사람을 벗어버리고 새사람을 입으라"라고 나와 있습니다. 성경은 혼의 영역을 의복이라고 말하고, 몸을 성전 혹은 집이라고 표현합니다. 내게 영이 있지만 혼이라는 옷을 입고 있으며 몸이라는 집에 살고 있는 것입니다.

혼의 영역인 생각, 감정, 의지는 시시때때로 바뀝니다.
어떤 때는 검은 옷을 입고 어떤 때는 초록색 옷을 입고 있을 수 있습니다. 그런데 진리의 특징은 변하지 않는다는 것입니다. 우리 영은 진리로 거듭났고 진리와 합하여 한 영이 되었기 때문에 완전히 자유합니다. 완전히 변화되었습니다.
히브리서에는 "그가 죽으심으로 단 한 번에 우리를 영원히 온전케 하셨다"(히브리서 10:14 참조)라고 기록되어 있는데 이것은 우리 영에 대한 말씀입니다. 우리 영의 영역은 완전히 다른 존재가 되었기 때문에 옛 육체가 우리를 주장하려고 할 때, 예를 들어 술이 먹고 싶을 때 이렇게 고백하는 것입니다.
"술 먹던 안재홍은 죽었어. 나는 이미 완전히 새로운 피조물이 되었어. 나는 술 취하지 말라는 하나님의 말씀대로 살아가는 완전히 새로운 피조물이야."
이렇게 혼의 영역에서 옛사람을 벗어 버리고 새사람을 계속해서 입는 훈련을 하는 것이 이 땅에서 혼의 구원을 이루어 가는 것입니다.

우리 몸의 구원은 예수님이 재림하실 때 죽음이 완전히 정복되고 예수님의 몸처럼 홀연히 변화됨으로 완전히 이루어지게 됩니다. 우리의 생각 곧 혼의 영역을 진리의 영역인 하나님 나라의 사고방식으로 바꾸면 바꿀수록 풀어놓아 다니게 하라는 말씀을 실제화시키는 것입니다. 이때 우리 혼의 영역은 더욱더 자유를 경험하게 됩니다.

살리는 것은 영이다

"살리는 것은 영이니 육은 무익하니라 내가 너희에게 이른 말은 영이요 생명이라"(요한복음 6:63)

하나님의 계획은 우리를 주님의 영으로 말미암아 변화시키는 것입니다.

이 땅에서 우리가 하나님의 뜻대로 100% 순종하며 하나님을 위하여 모든 것을 다 내려놓고 하나님만을 위하여 살려고 노력하면 할수록 우리가 경험하는 것은 실패, 실패, 실패뿐입니다. 왜냐하면 내 노력, 내 열심으로 안 된다는 것이 복음에서 이야기하고 있는 것입니다.

육은 무익하고 오직 영만이 살리는 것입니다.

그래서 우리는 하나님의 영으로 충만해야 합니다. 그분의 임재 가운데 계속 머물면서 하나님의 영으로 계속해서 채움을 받아야 합니다. 우리는 계속 말씀을 보아야 하는데 사탄이 주는 거짓 말씀에 속아서는 안 됩니다. 사탄이 우리를 속이는 모조품인 지적인 동의에서 끝나면 안 됩니다. 지적인 동의는 아무 힘이 없습니다. 하나님의 말씀을 많이 암송하는 것이 말씀을 많이 아는 것이 아닙니다.

말씀을 정말 믿으려고 죽기 살기로 싸우고, 말씀대로 살아내려고 성령님을 의지하면서 말씀 한 구절을 붙들고 씨름하며 그 말씀이 나에게 실제가 될 때까지 하나님께 은혜를 구해야 합니다. 그 말씀이 나에게 실제가 되고, 그 말씀에 입맞춤이 되고, 성령님이 생기를 불어넣어 주심으로 그 말씀이 내 영과 혼을 쪼갤 때 우리는 그 말씀으로 인하여 하나님을 만나고 변화될 수밖에 없습니다. 그러한 말씀은 믿음의 말씀이고 그런 말씀들이 많아진다는 것은 내 안에 믿음의 말씀들이 점점 더 많아진다는 것입니다. 말씀 충만은 곧 믿음 충만입니다. 믿음은 말씀과 비례합니다.

하나님의 말씀에 대해서 너무 많이 알고 박식해도 안 된다고 말씀하시는 분도 있습니다. 이는 거듭나지 않은 상태에서 말씀만 많이 알 때의 경우입니다.

예수님을 아는 것이 영생입니다.

우리가 예수님을 진정한 왕으로 알게 될 때, 다시 말하면 하나님 나라의 복음을 알게 될 때 우리는 그분의 통치 아래로 들어갈 수밖에 없습니다.

예수님을 알기 위해서는 하나님 나라에 들어가야 합니다. 하나님 나라에 들어가는 것은 우리 인간의 노력이나 힘으로 되지 않습니다. 오직 말씀과 성령으로 거듭나야 합니다. 말씀을 정말로 믿어야 합니다. 우리가 정말로 믿는다면 행동은 따라올 수밖에 없습니다.

하나님의 말씀은 생명입니다.
말씀은 살아서 움직입니다.
하나님께로부터 온 말씀은 반드시 우리에게 영향력을 행사합니다. 하나님께 가까이 가지 않으면 세상에 가까이 가는 것입니다. 중간지점은 없습니다. 하나님께 가까이 가든지 세상에 가까이 가든지 둘 중 하나입니다.

우리는 세상과 완전히 구별되어야 합니다.
달라야 합니다. 살리는 것은 영입니다.
아버지께서 우리에게 이른 말이 영이요 생명입니다.
하나님의 말씀을 많이 읽는 것도 중요하지만 더 중요한 것은 말씀과 만나는 것입니다.
전체의 숲을 보기 위하여 성경 전체를 읽는 통독은 너무나 중요합니다. 하지만 한 말씀을 가지고 깊이 묵상하며 그 말씀으로 기도하며 그 말씀으로 말미암아 생각이 바뀌는 것도 너무나 중요합니다.
행동은 생각을 따라갑니다. 말씀으로 우리의 생각이 바뀔 때까지 그 말씀 가운데 계속 머물러야 합니다.

영적인 성장은 반드시 시간이 걸립니다.

급하게 생각하지 말고 조금씩 조금씩 말씀이 내 것이 될 때까지 반복하면 그 시간들이 쌓여서, 즉 양이 쌓여서 질적인 변화를 가져오게 되어 있습니다.

너희로 믿고 생명을 얻게 하려 함이니라

"오직 이것을 기록함은 너희로 예수께서 하나님의 아들 그리스도이심을 믿게 하려 함이요 또 너희로 믿고 그 이름을 힘입어 생명을 얻게 하려 함이니라"(요한복음 20:31)

요한복음의 기록 목적은 예수님을 믿고 생명을 얻게 하기 위함입니다.

예수님이 진정한 왕이심을 믿고 그분의 통치 아래 우리 삶을 드릴 때 우리는 생명을 얻되 더욱더 풍성히 얻게 됨을 알게 됩니다.

하나님은 모든 사람이 구원받기를 원하십니다.

사랑은 끝까지 포기하지 않습니다.

하나님은 사랑이십니다.

따라서 하나님은 우리를 끝까지 포기하지 않으십니다.

우리 모두가 구원을 받기를 원하십니다.

하나님은 우리를 사람들의 복음 전도를 통하여, 책을 통하여, 방송을 통하여 하나님 나라 안으로 계속 초대하고 계십니다.

　제가 하나님께 이렇게 여쭤본 적이 있습니다.
　"하나님, 다른 사람들은 누군가의 전도를 통해 구원하셨는데 저는 왜 삶이 다 무너지는 힘든 고난을 통하여 부르셨습니까?"
　그때 하나님께서 저에게 "너는 이렇게 하지 않았으면 나에게 오지도 않았다"라고 말씀하셨습니다. 그런데 그 말을 들은 저는 100% 공감이 되었습니다. 저처럼 하나님의 부르심에 대하여 고집이 세면 하나님은 삶의 모든 것을 무너뜨려서라도 하나님의 구원을 이루실 것입니다. 왜냐하면 이 땅의 삶은 잠깐이기 때문입니다. 모든 사람은 다 죽게 되어 있습니다. 그 죽음 뒤에는 심판이 있습니다. 하나님의 심판을 통하여 우리가 영원히 거할 곳이 결정됩니다.

　"한번 죽는 것은 사람에게 정해진 것이요
　그 후에는 심판이 있으리니"(히브리서 9:27)

　천국과 지옥은 정말 있습니다.
　그런데 천국의 커트라인은 굉장히 높습니다.
　100점 만점에 100점을 맞아야만 천국에 들어갈 수 있습니다. 우리가 살면서 단 한 번 다른 사람을 판단하거나 잘못을 행해도 100점을 받지 못하기 때문에 천국에 들어갈 수 없습니다. 천국은 사람의 힘으로는 아무도 들어가지 못합니다. 왜냐하면 태어나서 죽을 때까지 단 한 번의 실수도 없이 완벽하게 살 수 있는 사람은 아무도 없기 때문입니다.

예수님은 태어나서 죽을 때까지 완벽하게 사셨습니다.

100점 만점을 받으셨습니다. 우리가 예수님을 믿을 때 예수님의 100점 만점의 의로움이 우리에게 주어집니다. 하나님은 사람을 심판하실 때 그 사람 안에 예수님이 계신지, 안 계신지를 보십니다. 그 사람 안에 예수님이 있는 사람은 천국으로 보내시고 예수님이 없는 사람은 지옥으로 보내시는 것입니다. 구원은 우리에게 달려있지 않고 오직 하나님에게만 있습니다.

그렇다면 어떤 사람 안에 예수님이 계십니까?

예수님 영접 기도를 하면 예수님이 계십니까?

그렇지 않습니다. 먼저 예수님께서 내 죄를 용서하기 위해 나 대신 내 죄를 짊어지시고 십자가 위에서 돌아가셨다가 삼 일 만에 다시 사신 구세주라는 하나님 나라의 복음을 믿어야 합니다.

정말 복음을 믿으면 우리는 말씀과 성령님으로 다시 태어납니다.

다시 태어난 사람들 즉 거듭난 사람들만이 천국에 들어갈 수 있습니다. 하나님 나라 복음의 핵심은 하나님께서 다스리신다는 것입니다.

하나님은 은혜의 왕이십니다. 그래서 우리가 거듭나면 은혜를 사모하게 됩니다. 하나님께서 다스리시는 것이 우리에게 가장 기쁜 소식이 됩니다.

구원은 하나님의 다스림 안으로 들어가는 것입니다. 즉 예수님을 우리의 진정한 왕으로 모시고 살아가는 것입니다.

또한 하나님은 우리의 아버지가 되십니다.

이 세상에서 사랑이 가장 많으시고 모든 것을 다 알고 계시며 세심하게 우리를 보살펴 주시고 도와주시는 참 아버지의 사랑 안에서 가족이 되어서 살아가는 것입니다.

저처럼 하나님과 동행하시는 삶이 되시기를 축복합니다.

이 책을 통해 하나님의 부르심에 응답하여 누구와 비교가 안 되는 홀로 으뜸이신 하나님의 품 안으로 들어가시길, 그래서 하나님의 자녀가 되시길 소망합니다.

교회에 다닌다고 해도 예수님을 믿어 거듭나지 않으면 구원받지 못합니다. 거듭나면 우리의 삶은 달라집니다. 우리 안에 성령님이 계셔서 하나님 뜻대로 우리를 인도하시고 섭리하십니다. 하나님 뜻대로 살고 싶은 마음이 생깁니다.

아직까지 믿고 있지 않다면 꼭 예수님을 믿으시기를 강력히 권합니다.

복음을 믿기 위해서는 먼저 교회에 출석하여 하나님의 말씀을 배우거나, 먼저 믿은 분들에게 복음이 무엇인지, 어떻게 믿는 건지 묻거나, 복음과 구원에 관한 신앙서적을 읽던지, 유튜브에서 「복음」, 「구원」을 검색해 시청하십시오.

저는 환경과 상관없이 하나님으로 말미암아 더욱 행복해지고 있습니다. 진정한 행복은 하나님 안에서만 가능합니다.

모든 분들이 하나님께 더 가까이 가셨으면 좋겠습니다.

하나님과의 친밀함 안에서 풍성한 삶과 열매를 맺길 바랍니다.

망망한 바다 한가운데서 배 한 척이 침몰하게 되었습니다.
모두들 구명보트에 옮겨 탔지만 한 사람이 보이지 않았습니다.
절박한 표정으로 안절부절 못하던 성난 무리 앞에 급히 달려 나온 그 선원이
꼭 쥐고 있던 손바닥을 펴 보이며 말했습니다.
"모두들 나침반을 잊고 나왔기에… "
분명, 나침반이 없었다면 그들은 끝없이 바다 위를 표류할 수 밖에 없을 것입니다.

우리는 삶의 바다를 항해하는 모든 이들을 위하여
그 나침반의 역할을 하고 싶습니다.
우리를 구원하신 위대한 주 예수 그리스도를 널리 전하고 싶습니다.

"하나님은 모든 사람이 구원을 받으며
진리를 아는 데에 이르기를 원하시느니라"
(디모데전서 2장 4절)

앞이 깜깜할 때 하나님을 만났습니다

지은이 │ 안재홍
발행인 │ 김용호
발행처 │ 나침반출판사

제1판 발행 │ 2021년 12월 1일

등　록 │ 1980년 3월 18일 / 제 2-32호
본　사 │ 07547 서울특별시 강서구 양천로 583
　　　　　 블루나인 비즈니스센터 B동 1607호
전　화 │ 본사 (02) 2279-6321 / 영업부 (031) 932-3205
팩　스 │ 본사 (02) 2275-6003 / 영업부 (031) 932-3207
홈　피 │ www.nabook.net
이　멜 │ nabook365@hanmail.net

일러스트 제공 │ 게티이미지뱅크

ISBN 978-89-318-1631-0
책번호 가-9087

값은 뒤표지에 있습니다.